新时代推进国家治理体系和治理能力现代化400问

吴四伍 —— 主编

人民东方出版传媒
東方出版社

目录
Contents

第二部分

中国特色　民族特性　时代特征

第四部分

依法治国　依法执政

第五部分

公民道德　传统美德

第六部分

反对形式主义、官僚主义

第一部分

国家治理体系和治理能力现代化

1. 中国共产党在哪次会议上首次明确提出国家治理体系和治理能力现代化概念？

2013 年 11 月 9 日至 12 日召开的党的十八届三中全会首次明确提出了国家治理体系和治理能力现代化概念。

2. 改革开放以来中国共产党如何探索国家治理？

党的十五大提出“党领导人民治理国家”的重要命题，强调依法治国是党领导人民治理国家的基本方略。

党的十六大提出：“党的领导是人民当家作主和依法治国的根本保证，人民当家作主是社会主义民主政治的本质要求，依法治国是党领导人民治理国家的基本方略。”

党的十七大提出：“要坚持党总揽全局、协调各方的领导核心作用，提高党科学执政、民主执政、依法执政水平，保证党领导人民有效治理国家。”

党的十八大围绕“保证党领导人民有效治理国家”，明确提出要更加注重改进党的领导方式和执政方式，保证党领导人民有效治理国家；更加注重健全民主制度、丰富民主形式，保证人民依法实行民主选举、民主决策、民主管理、民主监督；更加注重发挥法治在国家治理和社会管理中的重要作用，维护国家法制统一、尊严、权威，保证人民依法享有广泛权利和自由。从多个层面突出了治理创新的任务。党的十八届三中全会就全面深化改革进行顶层设计时，将“完善和发展中国特色社会主义制度，推进国家治理体系和治理能力现代化”确立为全面深化改革的总目标。

党的十九大将国家治理体系和治理能力现代化确立为 2050 年建

成社会主义现代化强国的重要标志。党的十九届三中全会对党和国家机构职能改革作出全面部署，在推进国家治理体系现代化上迈出了关键一步。党的十九届四中全会指出，我国国家制度和国家治理体系具有多方面显著优势，要将我国制度更好地转化为国家治理效能。

3. 党的十八届三中全会提出全面深化改革的总目标是什么？

完善和发展中国特色社会主义制度，推进国家治理体系和治理能力现代化。

4. 推进国家治理体系和治理能力现代化的必要性是什么？

为使各方面制度更加科学完善，为党和国家事业发展、为人民幸福安康、为社会和谐稳定、为国家长治久安提供一整套更完备、更稳定、更管用的制度体系，实现党、国家、社会各项事务治理制度化、规范化、程序化，善于运用制度和法律治理国家，提高党科学执政、民主执政、依法执政水平，提高运用中国特色社会主义制度有效治理国家的能力，充分发挥我国社会主义制度的优越性，就必须推进国家治理体系和治理能力现代化。

5. 国家治理体系和治理能力有何内在联系？

国家治理体系和国家治理能力是一个国家制度和制度执行能力的集中体现。国家治理体系和治理能力是一个有机整体，相辅相成，共同构成了全面深化改革的总纲，指导着各项改革举措的整体推进。治理国家，制度是起根本性、全局性、长远性作用的，但没有有效的治理能力，再好的制度也难以发挥作用。而有能力无制度，那么能力就会被泛用、滥用。必须把国家治理体系和治理能力结合在一起，把两者当作一个相辅相成的有机整体，通过好的国家治理体系提高国家治理能力，通过提高国家治理能力充分发挥国家治理体系的效能。

6. 中国特色社会主义制度和国家治理体系是如何形成的？

中国特色社会主义制度和国家治理体系是在借鉴我们党领导新民主主义革命时期在根据地执政的宝贵经验，经历中华人民共和国成立 70 多年来三个大的历史阶段形成和发展起来的:（1）从中华人民共和国成立到党的十一届三中全会前，我们党确立了人民当家作主的国家制度，建立起社会主义基本制度，探索适合国情的社会主义建设道路，为当代中国一切发展进步奠定了根本政治前提和制度基础。（2）从党的十一届三中全会到党的十八大前，我们党鲜明提出走自己的路、建设有中国特色的社会主义，积极推进经济体制及其他体制改革，形成中国特色社会主义制度，不断完善国家治理，为改革开放和现代化建设提供了坚实制度保障。（3）党的十八以来，我们党通过统筹推进“五位一体”总体布局、协调推进“四个全面”战略布局，推动中国特色社会主义制度更加完善、国家治理体系和治理能力现代化水平明显提高，为党和国家事业发生历史性变革提供了有力保障。

7. 中国特色社会主义国家制度和法律制度的优势是什么？

中国特色社会主义国家制度和法律制度，植根于中华民族5000多年积淀的深厚历史文化传统，吸收和借鉴了人类制度文明有益成果，经过了长期实践检验。

（1）坚持党的领导的优势。70多年来，正是因为始终在党的领导下，集中力量办大事，国家统一有效地组织各项事业、开展各项工作，才能成功应对一系列重大风险和挑战、克服无数艰难险阻，始终沿着正确方向稳步前进。

（2）保证人民当家作主的优势。我国国家制度深深植根于人民之中，能够有效体现人民意志、保障人民权益、激发人民创造力。

（3）坚持全面依法治国的优势。坚持依法治国，坚持法治国家、法治政府、法治社会一体建设，为解放和增强社会活力、促进社会公平正义、维护社会和谐稳定、确保党和国家长治久安发挥了重要作用。

（4）实行民主集中制的优势。在党的领导下，各国家机关是一个统一整体，既合理分工，又密切协作，既充分发扬民主，又有效进行集中。

8. 国家治理体系和治理能力现代化的核心要义是什么？

不断加强和改善党的全面领导。

9. 推进国家治理体系和治理能力现代化的组织保障是什么?

党和国家机构改革所取得的一系列重要理论成果、制度成果、实践成果，推动中国特色社会主义国家制度和法律制度更加完善，为推进国家治理体系和治理能力现代化提供了有力的组织保障。

10. 不断推进国家治理体系和治理能力现代化的重大意义是什么?

（1）标志着中国改革的全面深化、改革目标的新提升与中国共产党治国理念的不断成熟。

（2）体现出中国特色社会主义现代化理论的丰富和发展。

（3）意味着中国特色社会主义制度将得到完善和发展，这一制度的优势也将更好转化为管理国家的效能。

（4）意味着中国大踏步走向现代法治社会，社会主义民主政治建设将更加完善，人民能更多地参与到社会治理中来，和谐社会建设将取得更大成果。

（5）意味着中国将构建起系统完备、科学规范、运行有效的制度体系，使各方面制度更加成熟、更加定型，为人类社会制度文明作出更大贡献。

11. 培育和弘扬社会主义核心价值体系和核心价值观在推进国家治理体系和治理能力现代化中的地位是什么?

培育和弘扬社会主义核心价值体系和核心价值观，有效整合社会意识，是社会系统得以正常运转、社会秩序得以有效维护的重要途径，是国家治理体系和治理能力的重要方面。

12. 如何提升国家治理体系和治理能力现代化？

（1）提升国家治理体系和治理能力的现代化，要进一步解放思想、转变观念，树立国家治理的基本理念。执政党和政府需要树立公共权力观和法治权力观，牢记权力是人民赋予的，坚持为人民服务，坚持依法执政、依法行政、依法治国。人民群众需要认识到我国是人民当家作主的国家，要主动、积极地参与到国家治理和社会治理中。

（2）提升国家治理体系和治理能力的现代化，既需要借鉴古今中外治国理政的经验教训，也需要进一步创新国家治理的方式方法。在大数据化的今天，可借鉴信息化成果推进国家治理。

（3）提升国家治理体系和治理能力的现代化，要敢于实践，勇于探索。实践出真知，我国现今能取得社会主义现代化建设的伟大成就，很重要的一点就在于不断发现问题并解决问题。通过具体问题具体分析，总结经验教训，国家治理体系和治理能力现代化将得到明显提升。

（4）提升国家治理体系和治理能力的现代化，在坚持中国特色社会主义制度的前提下，要进一步理顺各治理主体的协调匹配，正确处理好政府、市场、社会之间的关系。为适应经济社会发展的现实需要，需要将市场与社会纳入国家治理的主体范畴，建构政府、市场、社会各归其位，既相互制约又相互支撑的分工体系。

13. 国家治理体系和治理能力现代化涵盖的七大领域是指什么？

经济领域的市场治理、政治行政领域的政府治理、文化领域的文化和思想道德治理、社会领域的社会治理和实行基层群众自治、生态文明领域的生态治理、国防建设领域的军队治理、党的建设领域的执政党治理。

14. 党的十八届三中全会对我国制度建设提出什么样的具体目标？

到 2020 年，在重要领域和关键环节改革上取得决定性成果，形成系统完备、科学规范、运行有效的制度体系，使各方面制度更加成熟、更加定型。

15. 党的十九大提出国家治理现代化的思路是什么？

将国家治理现代化与统筹推进“五位一体”总体布局结合起来，将国家治理现代化充分融入到各个具体领域的工作中。

16. 信息化如何推进国家治理体系和治理能力现代化？

以信息化推进国家治理体系和治理能力现代化，就是要推进经济、政治、社会、文化、生态等领域的信息化，以信息化提高这些领域的制度化、程序化、法治化水平，构建一个“制度 + 技术”的国家治理体系。

17. 什么是中国特色社会主义制度及其执行能力的集中体现？

中国国家治理体系和治理能力。

18. 支撑中国国家治理体系和治理能力的根本政治制度是什么？

人民代表大会制度。

19. 什么是中国特色社会治理现代化？

中国特色社会治理现代化是指在坚持中国共产党的全面领导下，积极把握时代主题和经济社会发展的客观要求，顺应人类社会治理的基本规律，立足于中国国情，以马克思主义为基本立场，以习近平新时代中国特色社会主义思想为指导，以人民为中心，以推进社会治理理念现代化、社会治理工作布局现代化、社会治理体制现代化、社会治理方式现代化、社会治理能力现代化为发展点和落脚点，打造有中国特色的、全面参与的共建共治共享的社会治理格局。

20. 为什么要推进中国特色社会治理现代化？

当前中国处于发展的重要战略机遇期，也处于各种社会矛盾的凸显期，伴随着机遇与调整，中国改革进入攻坚阶段，由此引发经济结构不断调整、社会结构快速改变。在社会大变动、大转型时期，社会各阶层的利益结构不断分化、重组，各种新老社会问题不断涌现，只有推进中国特色社会治理现代化才能将这些困扰中国社会发展的问题解决。同时，中国特色社会治理现代化是国家治理现代化的重要支撑，对推进国家治理体系和治理能力现代化亦有着重要意义。

21. 怎样推进社会治理现代化，打造共建共治共享的社会治理新格局？

（1）加强社会治理制度建设。完善党委领导、政府负责、社会协同、公众参与、法治保障的社会治理体制，提高社会治理社会化、法治化、智能化、专业化水平。加强预防和化解社会矛盾机制建设，正确处理人民内部矛盾。树立安全发展理念，弘扬生命至上、安全第一的思想，健全公共安全体系，完善安全生产责任制，坚决遏制重特大安全事故，提升防灾、减灾、救灾能力。

（2）加快社会治安防控体系建设。依法打击和惩治黄、赌、毒、黑、拐、骗等违法犯罪活动，保护人民人身权、财产权、人格权。加强社会心理服务体系建设，培育自尊自信、理性平和、积极向上的社会心态。加强社区治理体系建设，推动社会治理重心向基层下移，发挥社会组织的作用，实现政府治理和社会调节、居民自治良性互动。

22. 如何运用新技术、新手段构建新型基层社会治理体系？

充分发挥新技术、新手段的基础作用，利用互联网、物联网、大数据、云计算、新一代人工智能、智能手机等新技术重构乡村、社区、基层社会的基础结构和治理体系。通过分析海量数据中蕴含的规律性、关联性问题，分析研判基层民众的新需求、新动态，为社会治理新变化、新趋势提供强有力的科学决策，建立社区精细化管理治理工作模式，对社会矛盾和风险作出定性定量分析和预警，努力实现防患于未然。从而，加强人工智能与社会治理的结合，提高公共服务和社会治理水平。

23. 加强和改进乡村治理的主要任务是什么？

（1）完善村党组织领导乡村治理的体制机制。（2）发挥党员在乡村治理中的先锋模范作用。（3）规范村级组织工作事务。（4）增强村民自治组织能力。（5）丰富村民议事协商形式。（6）全面实施村级事务阳光工程。（7）积极培育和践行社会主义核心价值观。（8）实施乡风文明培育行动。（9）发挥道德模范引领作用。（10）加强农村文化引领。（11）推进法治乡村建设。（12）加强平安乡村建设。（13）健全乡村矛盾纠纷调处化解机制。（14）加大基层小微权力腐败惩治力度。（15）加强农村法律服务供给。（16）支持多方主体参与乡村治理。（17）提升乡镇和村为农服务能力。

24. 加强和改进乡村治理，如何强化组织领导？

各级党委和政府要充分认识加强和改进乡村治理的重要意义，把乡村治理工作摆在重要位置，纳入经济社会发展总体规划和乡村振兴战略规划，开展乡村治理试点示范，及时研究解决工作中遇到的重大问题。将加强和改进乡村治理工作纳入乡村振兴考核。将党组织领导的乡村治理工作作为每年市县乡党委书记抓基层党建述职评议考核的重要内容，推动层层落实责任。各省（自治区、直辖市）

党委和政府要抓好贯彻落实，每年向党中央、国务院报告推进实施乡村振兴战略进展情况时，要将乡村治理工作情况作为重要内容。

25. 加强和改进乡村治理的指导思想是什么？

以习近平新时代中国特色社会主义思想为指导，全面贯彻党的十九大和十九届二中、三中、四中全会精神，紧紧围绕统筹推进“五位一体”总体布局和协调推进“四个全面”战略布局，按照实施乡村振兴战略的总体要求，坚持和加强党对乡村治理的集中统一领导，坚持把夯实基层基础作为固本之策，坚持把治理体系和治理能力建设作为主攻方向，坚持把保障和改善农村民生、促进农村和谐稳定作为根本目的，建立健全党委领导、政府负责、社会协同、公众参与、法治保障、科技支撑的现代乡村社会治理体制，以自治增活力、以法治强保障、以德治扬正气，健全党组织领导的自治、法治、德治相结合的乡村治理体系，构建共建共治共享的社会治理格局，走中国特色社会主义乡村善治之路，建设充满活力、和谐有序的乡村社会，不断增强广大农民的获得感、幸福感、安全感。

26.《关于加强和改进乡村治理的指导意见》的总体目标是什么？

到 2020 年，现代乡村治理的制度框架和政策体系基本形成，农村基层党组织更好地发挥战斗堡垒作用，以党组织为领导的农村基层组织建设明显加强，村民自治实践进一步深化，村级议事协商制度进一步健全，乡村治理体系进一步完善。到 2035 年，乡村公共服务、公共管理、公共安全保障水平显著提高，党组织领导的自治、法治、德治相结合的乡村治理体系更加完善，乡村社会治理有效、充满活力、和谐有序，乡村治理体系和治理能力基本实现现代化。

27. 如何加强和改进乡村治理的组织实施？

（1）加强组织领导。（2）建立协同推进机制。（3）强化各项保障。（4）加强分类指导。

28. 党在哪次中央全会上首次专门研究国家制度和国家治理问题？

党的十九届四中全会。

29. 党的十九届四中全会在国家治理体系和治理能力现代化方面审议通过了什么重要文件？

《中共中央关于坚持和完善中国特色社会主义制度、推进国家治理体系和治理能力现代化若干重大问题的决定》。

30. 国家治理体系和治理能力现代化的实践要求是什么？

（1）加强国家整合，深化党和国家机构改革，全面从严治党，深化国防和军队改革，培育社会主义核心价值观，为国家治理体系和治理能力现代化提供重要基础。（2）进一步引导和协调更多的资源、人才、资金、管理、技术等要素投入到经济社会发展的薄弱环节中去，努力缩小不同群体间的实质性差距，努力实现社会公平正义。（3）不断完善科学立法、严格执法、公正司法、全民守法的现代法治体系，建立健全统一的信用信息平台，提升社会整体法治意识，推进平安中国、法治中国建设进程。（4）各级政府不断加大简政放权力度，解放和增强社会活力，打造共建共治共享的治理新格局。（5）创造多种民主形式，完善发展人民代表大会制度，赋予地方更多立法权限，在加强政治协商、民主监督方面进一步完善制度规定，突出民族区域自治制度在维护团结进步、促进共同发展中的作用。

31. 党的十九届四中全会提出如何将我国的制度优势更好地转化为国家治理效能？

必须坚持以马克思列宁主义、毛泽东思想、邓小平理论、“三个代表”重要思想、科学发展观、习近平新时代中国特色社会主义思想为指导，增强“四个意识”，坚定“四个自信”，做到“两个维护”，坚持党的领导、人民当家作主、依法治国有机统一，坚持解放思想、实事求是，坚持改革创新，突出坚持和完善支撑中国特色社会主义制度的根本制度、基本制度、重要制度，着力固根基、扬优势、补短板、强弱项，构建系统完备、科学规范、运行有效的制度体系，加强系统治理、依法治理、综合治理、源头治理，把我国的制度优势更好地转化为国家治理效能，为实现“两个一百年”奋斗目标、实现中华民族伟大复兴的中国梦提供有力保证。

32. 坚持和完善中国特色社会主义制度、推进国家治理体系和治理能力现代化的指导思想是什么？

马克思列宁主义、毛泽东思想、邓小平理论、“三个代表”重要思想、科学发展观、习近平新时代中国特色社会主义思想。

33. 推进国家治理体系和治理能力现代化的关键和根本是什么？

完善坚持党的领导体制机制。

34. 实现国家治理体系和治理能力现代化的必然要求是什么？

依法治国。

35. 党的十九届四中全会指出我国国家制度和国家治理体系具有哪些显著优势？

（1）坚持党的集中统一领导，坚持党的科学理论，保持政治稳定，确保国家始终沿着社会主义方向前进的显著优势。（2）坚持人民当家作主，发展人民民主，密切联系群众，紧紧依靠人民推动国家发展的显著优势。（3）坚持全面依法治国，建设社会主义法治国家，切实保障社会公平正义和人民权利的显著优势。（4）坚持全国一盘棋，调动各方面积极性，集中力量办大事的显著优势。（5）坚持各民族一律平等，铸牢中华民族共同体意识，实现共同团结奋斗、共同繁荣发展的显著优势。（6）坚持公有制为主体、多种所有制经济共同发展和按劳分配为主体、多种分配方式并存，把社会主义制度和市场经济有机结合起来，不断解放和发展社会生产力的显著优势。（7）坚持共同的理想信念、价值理念、道德观念，弘扬中华优秀传统文化、革命文化、社会主义先进文化，促进全体人民在思想上精神上紧紧团结在一起的显著优势。（8）坚持以人民为中心的发展思想，不断保障和改善民生、增进人民福祉，走共同富裕道路的显著优势。（9）坚持改革创新、与时俱进，善于自我完善、自我发展，使社会充满生机活力的显著优势。（10）坚持德才兼备、选贤任能，聚天下英才而用之，培养造就更多更优秀人才的显著优势。（11）坚持党指挥枪，确保人民军队绝对忠诚于党和人民，有力保障国家主权、安全、发展利益的显著优势。（12）坚持“一国两制”，保持香港、澳门长期繁荣稳定，促进祖国和平统一的显著优势。（13）坚持独立自主和对外开放相统一，积极参与全球治理，为构建人类命运共同体不断作出贡献的显著优势。

36. 坚持和完善中国特色社会主义制度、推进国家治理体系和治理能力现代化的总体目标是什么？

到党成立 100 年时，在各方面制度更加成熟更加定型上取得明显成效；到 2035 年，各方面制度更加完善，基本实现国家治理体系和治理能力现代化；到新中国成立 100 年时，全面实现国家治理体系和治理能力现代化，使中国特色社会主义制度更加巩固、优越性充分展现。

37. 党的十九届四中全会提出坚持和完善中国特色社会主义制度、推进国家治理体系和治理能力现代化的具体路径是什么？

（1）坚持和完善党的领导制度体系，提高党科学执政、民主执政、依法执政水平。（2）坚持和完善人民当家作主制度体系，发展社会主义民主政治。（3）坚持和完善中国特色社会主义法治体系，提高党依法治国、依法执政能力。（4）坚持和完善中国特色社会主义行政体制，构建职责明确、依法行政的政府治理体系。（5）坚持和完善社会主义基本经济制度，推动经济高质量发展。（6）坚持和完善繁荣发展社会主义先进文化的制度，巩固全体人民团结奋斗的共同思想基础。（7）坚持和完善统筹城乡的民生保障制度，满足人民日益增长的美好生活需要。（8）坚持和完善共建共治共享的社会治理制度，保持社会稳定、维护国家安全。（9）坚持和完善生态文明制度体系，促进人与自然和谐共生。（10）坚持和完善党对人民军队的绝对领导制度，确保人民军队忠实履行新时代使命任务。（11）坚持和完善“一国两制”制度体系，推进祖国和平统一。（12）坚持和完善独立自主的和平外交政策，推动构建人类命运共同体。（13）坚持和完善党和国家监督体系，强化对权力运行的制约和监督。

38. 党的十九届四中全会对领导干部的治理能力提出什么样的要求？

各级领导干部要增强学习本领、政治领导本领、改革创新本领、科学发展本领、依法执政本领、群众工作本领、狠抓落实本领、驾驭风险本领，发扬斗争精神，增强斗争本领。

39. 党的十九届四中全会提出如何坚持和完善人民当家作主制度体系，发展社会主义民主政治？

（1）要坚持和完善人民代表大会制度这一根本政治制度。

（2）坚持和完善中国共产党领导的多党合作和政治协商制度。（3）巩固和发展最广泛的爱国统一战线。（4）坚持和完善民族区域自治制度。（5）健全充满活力的基层群众自治制度。

40. 党的十九届四中全会提出如何坚持和完善社会主义基本经济制度，推动经济高质量发展？

（1）要毫不动摇巩固和发展公有制经济，毫不动摇鼓励、支持、引导非公有制经济发展。（2）坚持按劳分配为主体、多种分配方式并存。（3）加快完善社会主义市场经济体制。（4）完善科技创新体制机制。（5）建设更高水平开放型经济新体制。

41. 党的十九届四中全会在基本经济制度的表述上有何创新？

将按劳分配为主体、多种分配方式并存，社会主义市场经济体制上升为基本经济制度。

42. 党的十九届四中全会提出如何坚持和完善党的领导制度体系，提高党科学执政、民主执政、依法执政水平？

（1）建立不忘初心、牢记使命的制度。（2）完善坚定维护党中央权威和集中统一领导的各项制度。（3）健全党的全面领导制度。（4）健全为人民执政、靠人民执政各项制度。（5）健全提高党的执政能力和领导水平制度。（6）完善全面从严治党制度。

43. 党的十九届四中全会提出如何坚持和完善繁荣发展社会主义先进文化的制度，巩固全体人民团结奋斗的共同思想基础？

（1）坚持马克思主义在意识形态领域指导地位的根本制度。（2）坚持以社会主义核心价值观引领文化建设制度。（3）健全人民文化权益保障制度。（4）完善坚持正确导向的舆论引导工作机制。（5）建立健全把社会效益放在首位、社会效益和经济效益相统一的文化创作生产体制机制。

44. 党的十九届四中全会提出如何坚持和完善统筹城乡的民生保障制度，满足人民日益增长的美好生活需要？

（1）健全有利于更充分更高质量就业的促进机制。（2）构建服务全民终身学习的教育体系。（3）完善覆盖全民的社会保障体系。（4）强化提高人民健康水平的制度保障。

45. 党的十九届四中全会提出如何坚持和完善共建共治共享的社会治理制度，保持社会稳定、维护国家安全？

（1）完善正确处理新形势下人民内部矛盾有效机制。（2）完善社会治安防控体系。（3）健全公共安全体制机制。（4）构建基层社会治理新格局。（5）完善国家安全体系。

46. 党的十九届四中全会提出如何坚持和完善生态文明制度体系，促进人与自然和谐共生？

（1）实行最严格的生态环境保护制度。（2）全面建立资源高效利用制度。（3）健全生态保护和修复制度。（4）严明生态环境保护责任制度。

47. 党的十九届四中全会提出如何坚持和完善党对人民军队的绝对领导制度，确保人民军队忠实履行新时代使命任务？

（1）坚持人民军队最高领导权和指挥权属于党中央。（2）健全人民军队党的建设制度体系。（3）把党对人民军队的绝对领导贯彻到军队建设各领域全过程。

48. 党的十九届四中全会对坚持和完善“一国两制”制度提出哪些要求？

（1）全面准确贯彻“一国两制”、“港人治港”、“澳人治澳”、高度自治的方针。（2）健全中央依照宪法和基本法对特别行政区行使全面管治权的制度。（3）坚定推进祖国和平统一进程。

49. 党的十九届四中全会提出如何坚持和完善独立自主的和平外交政策，推动构建人类命运共同体？

（1）健全党对外事工作领导体制机制。（2）完善全方位外交布局。（3）推进合作共赢的开放体系建设。（4）积极参与全球治理体系改革和建设。

50. 党的十九届四中全会提出如何坚持和完善党和国家监督体系，强化对权力运行的制约和监督?

党和国家监督体系是党在长期执政条件下实现自我净化、自我完善、自我革新、自我提高的重要制度保障。必须健全党统一领导、全面覆盖、权威高效的监督体系，增强监督严肃性、协同性、有效性，形成决策科学、执行坚决、监督有力的权力运行机制，构建一体推进不敢腐、不能腐、不想腐体制机制，确保党和人民赋予的权力始终用来为人民谋幸福。

51. 党的十九届四中全会提出哪些措施强化对法律实施的监督?

（1）健全保证宪法全面实施的体制机制，加强宪法实施和监督、落实宪法解释程序机制、推进合宪性审查工作、加强备案审查制度和能力建设等。（2）完善立法体制机制，不断提高立法质量和效率。（3）健全社会公平正义法治保障制度。（4）加强对法律实施的监督，保证行政权、监察权、审判权、检察权得到依法正确行使。

52. 党的十九届四中全会提出如何完善国家行政体制?

以推进国家机构职能优化协同高效为着力点，优化行政决策、行政执行、行政组织、行政监督体制。健全部门协调配合机制，防止政出多门、政策效应相互抵消。深化行政执法体制改革，最大限度减少不必要的行政执法事项。进一步整合行政执法队伍，继续探索实行跨领域跨部门综合执法，推动执法重心下移，提高行政执法能力水平。落实行政执法责任制和责任追究制度。创新行政管理和服务方式，加快推进全国一体化政务服务平台建设，健全强有力的行政执行系统，提高政府执行力和公信力。

53. 党的十九届四中全会提出哪些措施优化政府职责体系？

完善政府经济调节、市场监管、社会管理、公共服务、生态环境保护等职能，实行政府权责清单制度，厘清政府和市场、政府和社会关系。深入推进简政放权、放管结合、优化服务，深化行政审批制度改革，改善营商环境，激发各类市场主体活力。健全以国家发展规划为战略导向，以财政政策和货币政策为主要手段，就业、产业、投资、消费、区域等政策协同发力的宏观调控制度体系。完善国家重大发展战略和中长期经济社会发展规划制度。完善标准科学、规范透明、约束有力的预算制度。建设现代中央银行制度，完善基础货币投放机制，健全基准利率和市场化利率体系。严格市场监管、质量监管、安全监管，加强违法惩戒。完善公共服务体系，推进基本公共服务均等化、可及性。建立健全运用互联网、大数据、人工智能等技术手段进行行政管理的制度规则。推进数字政府建设，加强数据有序共享，依法保护个人信息。

54. 党的十九届四中全会提出哪些措施优化政府组织结构？

推进机构、职能、权限、程序、责任法定化，使政府机构设置更加科学、职能更加优化、权责更加协同。严格机构编制管理，统筹利用行政管理资源，节约行政成本。优化行政区划设置，提高中心城市和城市群综合承载和资源优化配置能力，实行扁平化管理，形成高效率组织体系。

55. 党的十九届四中全会提出如何健全充分发挥中央和地方两个积极性体制机制？

理顺中央和地方权责关系，加强中央宏观事务管理，维护国家法制统一、政令统一、市场统一。适当加强中央在知识产权保护、养老保险、跨区域生态环境保护等方面事权，减少并规范中央和地方共同事权。赋予地方更多自主权，支持地方创造性开展工作。按照权责一致原则，规范垂直管理体制和地方分级管理体制。优化政府间事权和财权划分，建立权责清晰、财力协调、区域均衡的中央和地方财政关系，形成稳定的各级政府事权、支出责任和财力相适应的制度。构建从中央到地方权责清晰、运行顺畅、充满活力的工作体系。

56. 党的十九届四中全会提出如何毫不动摇巩固和发展公有制经济，毫不动摇鼓励、支持、引导非公有制经济发展？

探索公有制多种实现形式，推进国有经济布局优化和结构调整，发展混合所有制经济，增强国有经济竞争力、创新力、控制力、影响力、抗风险能力，做强做优做大国有资本。深化国有企业改革，完善中国特色现代企业制度。形成以管资本为主的国有资产监管体制，有效发挥国有资本投资、运营公司功能作用。健全支持民营经济、外商投资企业发展的法治环境，完善构建亲清政商关系的政策体系，健全支持中小企业发展制度，促进非公有制经济健康发展和非公有制经济人士健康成长。营造各种所有制主体依法平等使用资源要素、公开公平公正参与竞争、同等受到法律保护的市场环境。深化农村集体产权制度改革，发展农村集体经济，完善农村基本经营制度。

57. 党的十九届四中全会提出如何坚持按劳分配为主体、多种分配方式并存的分配制度？

坚持多劳多得，着重保护劳动所得，增加劳动者特别是一线劳动者劳动报酬，提高劳动报酬在初次分配中的比重。健全劳动、资本、土地、知识、技术、管理、数据等生产要素由市场评价贡献、按贡献决定报酬的机制。健全以税收、社会保障、转移支付等为主要手段的再分配调节机制，强化税收调节，完善直接税制度并逐步提高其比重。完善相关制度和政策，合理调节城乡、区域、不同群体间分配关系。重视发挥第三次分配作用，发展慈善等社会公益事业。鼓励勤劳致富，保护合法收入，增加低收入者收入，扩大中等收入群体，调节过高收入，清理规范隐性收入，取缔非法收入。

58. 党的十九届四中全会提出如何加快完善社会主义市场经济体制？

建设高标准市场体系，完善公平竞争制度，全面实施市场准入负面清单制度，改革生产许可制度，健全破产制度。强化竞争政策基础地位，落实公平竞争审查制度，加强和改进反垄断和反不正当竞争执法。健全以公平为原则的产权保护制度，建立知识产权侵权惩罚性赔偿制度，加强企业商业秘密保护。推进要素市场制度建设，实现要素价格市场决定、流动自主有序、配置高效公平。强化消费者权益保护，探索建立集体诉讼制度。加强资本市场基础制度建设，健全具有高度适应性、竞争力、普惠性的现代金融体系，有效防范化解金融风险。优化经济治理基础数据库。健全推动发展先进制造业、振兴实体经济的体制机制。实施乡村振兴战略，完善农业农村优先发展和保障国家粮食安全的制度政策，健全城乡融合发展体制机制。构建区域协调发展新机制，形成主体功能明显、优势互补、高质量发展的区域经济布局。

59. 党的十九届四中全会提出如何完善科技创新体制机制？

弘扬科学精神和工匠精神，加快建设创新型国家，强化国家战略科技力量，健全国家实验室体系，构建社会主义市场经济条件下关键核心技术攻关新型举国体制。加大基础研究投入，健全鼓励支持基础研究、原始创新的体制机制。建立以企业为主体、市场为导向、产学研深度融合的技术创新体系，支持大中小企业和各类主体融通创新，创新促进科技成果转化机制，积极发展新动能，强化标准引领，提升产业基础能力和产业链现代化水平。完善科技人才发现、培养、激励机制，健全符合科研规律的科技管理体制和政策体系，改进科技评价体系，健全科技伦理治理体制。

60. 党的十九届四中全会提出如何建设更高水平开放型经济新体制?

实施更大范围、更宽领域、更深层次的全面开放，推动制造业、服务业、农业扩大开放，保护外资合法权益，促进内外资企业公平竞争，拓展对外贸易多元化，稳步推进人民币国际化。健全外商投资准入前国民待遇加负面清单管理制度，推动规则、规制、管理、标准等制度型开放。健全促进对外投资政策和服务体系。加快自由贸易试验区、自由贸易港等对外开放高地建设。推动建立国际宏观经济政策协调机制。健全外商投资国家安全审查、反垄断审查、国家技术安全清单管理、不可靠实体清单等制度。完善涉外经贸法律和规则体系。

61. 党的十九届四中全会提出如何健全有利于更充分更高质量就业的促进机制?

坚持就业是民生之本，实施就业优先政策，创造更多就业岗位。健全公共就业服务和终身职业技能培训制度，完善重点群体就业支持体系。建立促进创业带动就业、多渠道灵活就业机制，对就业困难人员实行托底帮扶。坚决防止和纠正就业歧视，营造公平就业制度环境。健全劳动关系协调机制，构建和谐劳动关系，促进广大劳动者实现体面劳动、全面发展。

62. 党的十九届四中全会提出如何完善覆盖全民的社会保障体系?

坚持应保尽保原则，健全统筹城乡、可持续的基本养老保险制度、基本医疗保险制度，稳步提高保障水平。加快建立基本养老保险全国统筹制度。加快落实社保转移接续、异地就医结算制度，规范社保基金管理，发展商业保险。统筹完善社会救助、社会福利、慈善事业、优抚安置等制度。健全退役军人工作体系和保障制度。坚持和完善促进男女平等、妇女全面发展的制度机制。完善农村留守儿童和妇女、老年人关爱服务体系，健全残疾人帮扶制度。坚决打赢脱贫攻坚战，巩固脱贫攻坚成果，建立解决相对贫困的长效机制。加快建立多主体供给、多渠道保障、租购并举的住房制度。

63. 党的十九届四中全会提出如何强化提高人民健康水平的制度保障？

坚持关注生命全周期、健康全过程，完善国民健康政策，让广大人民群众享有公平可及、系统连续的健康服务。深化医药卫生体制改革，健全基本医疗卫生制度，提高公共卫生服务、医疗服务、医疗保障、药品供应保障水平。加快现代医院管理制度改革。坚持以基层为重点、预防为主、防治结合、中西医并重。加强公共卫生防疫和重大传染病防控，健全重特大疾病医疗保险和救助制度。优化生育政策，提高人口质量。积极应对人口老龄化，加快建设居家社区机构相协调、医养康养相结合的养老服务体系。聚焦增强人民体质，健全促进全民健身制度性举措。

64. 党的十九届四中全会提出如何完善正确处理新形势下人民内部矛盾有效机制？

坚持和发展新时代“枫桥经验”，畅通和规范群众诉求表达、利益协调、权益保障通道，完善信访制度，完善人民调解、行政调解、司法调解联动工作体系，健全社会心理服务体系和危机干预机制，完善社会矛盾纠纷多元预防调处化解综合机制，努力将矛盾化解在基层。

65. 党的十九届四中全会提出如何完善社会治安防控体系？

坚持专群结合、群防群治，提高社会治安立体化、法治化、专业化、智能化水平，形成问题联治、工作联动、平安联创的工作机制，提高预测预警预防各类风险能力，增强社会治安防控的整体性、协同性、精准性。

66. 坚持和完善共建共治共享的社会治理制度有何重要意义？

（1）坚持和完善共建共治共享的社会治理制度是完善和发展中国特色社会主义制度、推进国家治理体系和治理能力现代化的重要内容。（2）坚持和完善共建共治共享的社会治理制度是适应社会主要矛盾转化和建设人人有责、人人尽责、人人享有的社会治理共同体的必然要求。（3）坚持和完善共建共治共享的社会治理制度是防范化解风险、建设更高水平的平安中国的迫切需要。

67. 应急管理体系和能力现代化在国家治理体系和治理能力现代化建设中地位如何？

应急管理是国家治理体系和治理能力的重要组成部分，承担防范化解重大安全风险、及时应对处置各类灾害事故的重要职责，担负保护人民群众生命财产安全和维护社会稳定的重要使命。要发挥我国应急管理体系的特色和优势，借鉴国外应急管理有益做法，积极推进我国应急管理体系和能力现代化。

68. 如何推进我国应急管理体系和能力现代化建设？

（1）要健全风险防范化解机制，坚持从源头上防范化解重大安全风险，真正把问题解决在萌芽之时、成灾之前。（2）要加强应急救援队伍建设，建设一支专常兼备、反应灵敏、作风过硬、本领高强的应急救援队伍。（3）要强化应急管理装备技术支撑，优化整合各类科技资源，推进应急管理科技自主创新，依靠科技提高应急管理的科学化、专业化、智能化、精细化水平。（4）各级党委和政府要切实担负起“促一方发展、保一方平安”的政治责任，严格落实责任制。（5）应急管理部门全年 365 天、每天 24 小时都应急值守，随时面对可能的极端情况和生死考验。

69. 党的十九届四中全会提出如何健全公共安全体制机制？

完善和落实安全生产责任和管理制度，建立公共安全隐患排查和安全预防控制体系。构建统一指挥、专常兼备、反应灵敏、上下联动的应急管理体制，优化国家应急管理能力体系建设，提高防灾减灾救灾能力。加强和改进食品药品安全监管制度，保障人民身体健康和生命安全。

70. 党的十九届四中全会提出如何健全充满活力的基层群众自治制度？

健全基层党组织领导的基层群众自治机制，在城乡社区治理、基层公共事务和公益事业中广泛实行群众自我管理、自我服务、自我教育、自我监督，拓宽人民群众反映意见和建议的渠道，着力推进基层直接民主制度化、规范化、程序化。全心全意依靠工人阶级，健全以职工代表大会为基本形式的企事业单位民主管理制度，探索企业职工参与管理的有效方式，保障职工群众的知情权、参与权、表达权、监督权，维护职工合法权益。

71. 党的十九届四中全会提出如何构建基层社会治理新格局？

完善群众参与基层社会治理的制度化渠道。健全党组织领导的自治、法治、德治相结合的城乡基层治理体系，健全社区管理和服务机制，推行网格化管理和服务，发挥群团组织、社会组织的作用，发挥行业协会商会自律功能，实现政府治理和社会调节、居民自治良性互动，夯实基层社会治理基础。加快推进市域社会治理现代化。推动社会治理和服务重心向基层下移，把更多资源下沉到基层，更好提供精准化、精细化服务。注重发挥家庭家教家风在基层社会治理中的重要作用。加强边疆治理，推进兴边富民。

72. 党的十九届四中全会提出如何完善国家安全体系？

坚持总体国家安全观，统筹发展和安全，坚持人民安全、政治安全、国家利益至上有机统一。以人民安全为宗旨，以政治安全为根本，以经济安全为基础，以军事、科技、文化、社会安全为保障，健全国家安全体系，增强国家安全能力。完善集中统一、高效权威的国家安全领导体制，健全国家安全法律制度体系。加强国家安全人民防线建设，增强全民国家安全意识，建立健全国家安全风险研判、防控协同、防范化解机制。提高防范抵御国家安全风险能力，高度警惕、坚决防范和严厉打击敌对势力渗透、破坏、颠覆、分裂活动。

73. 党的十九届四中全会提出最严格的生态环境保护制度如何实行？

坚持人与自然和谐共生，坚守尊重自然、顺应自然、保护自然，健全源头预防、过程控制、损害赔偿、责任追究的生态环境保护体系。加快建立健全国土空间规划和用途统筹协调管控制度，统筹划定落实生态保护红线、永久基本农田、城镇开发边界等空间管控边界以及各类海域保护线，完善主体功能区制度。完善绿色生产和消费的法律制度和政策导向，发展绿色金融，推进市场导向的绿色技术创新，更加自觉地推动绿色循环低碳发展。构建以排污许可制为核心的固定污染源监管制度体系，完善污染防治区域联动机制和陆海统筹的生态环境治理体系。加强农业农村环境污染防治。完善生态环境保护法律体系和执法司法制度。

74. 党的十九届四中全会提出如何全面建立资源高效利用制度？

推进自然资源统一确权登记法治化、规范化、标准化、信息化，健全自然资源产权制度，落实资源有偿使用制度，实行资源总量管理和全面节约制度。健全资源节约集约循环利用政策体系。普遍实行垃圾分类和资源化利用制度。推进能源革命，构建清洁低碳、安全高效的能源体系。健全海洋资源开发保护制度。加快建立自然资源统一调查、评价、监测制度，健全自然资源监管体制。

75. 党的十九届四中全会提出如何健全生态保护和修复制度？

统筹山水林田湖草一体化保护和修复，加强森林、草原、河流、湖泊、湿地、海洋等自然生态保护。加强对重要生态系统的保护和永续利用，构建以国家公园为主体的自然保护地体系，健全国家公园保护制度。加强长江、黄河等大江大河生态保护和系统治理。开展大规模国土绿化行动，加快水土流失和荒漠化、石漠化综合治理，保护生物多样性，筑牢生态安全屏障。除国家重大项目外，全面禁止围填海。

76. 党的十九届四中全会提出如何严明生态环境保护责任制度？

建立生态文明建设目标评价考核制度，强化环境保护、自然资源管控、节能减排等约束性指标管理，严格落实企业主体责任和政府监管责任。开展领导干部自然资源资产离任审计。推进生态环境保护综合行政执法，落实中央生态环境保护督察制度。健全生态环境监测和评价制度，完善生态环境公益诉讼制度，落实生态补偿和生态环境损害赔偿制度，实行生态环境损害责任终身追究制。

77. 党的十九届四中全会提出如何健全人民军队党的建设制度体系？

全面贯彻政治建军各项要求，突出抓好军魂培育，发扬优良传统，传承红色基因，坚决抵制“军队非党化、非政治化”和“军队国家化”等错误政治观点。坚持党委制、政治委员制、政治机关制，坚持党委统一的集体领导下的首长分工负责制，坚持支部建在连上，完善党领导军队的组织体系。建设坚强有力的党组织和高素质专业化干部队伍，确保枪杆子永远掌握在忠于党的可靠的人手中。

78. 党的十九届四中全会提出如何把党对人民军队的绝对领导贯彻到军队建设各领域全过程？

贯彻新时代军事战略方针，坚持战斗力根本标准，建立健全基于联合、平战一体的军事力量运用政策制度体系，构建新时代军事战略体系，加强联合作战指挥体系和能力建设，调整完善战备制度，健全实战化军事训练制度，有效塑造态势、管控危机、遏制战争、打赢战争。军民融合的军事力量建设政策制度体系，统筹解放军现役部队和预备役部队、武装警察部队、民兵建设，统筹军队各类人员制度安排，深化军官职业化制度、文职人员制度、兵役制度等改革，推动形成现代化战斗力生成模式，构建现代军事力量体系。建立健全精准高效、全面规范、刚性约束的军事管理政策制度体系，强化军委战略管理功能，加强中国特色军事法治建设，提高军队系统运行效能。加快军民融合深度发展步伐，构建一体化国家战略体系和能力。完善国防科技创新和武器装备建设制度。深化国防动员体制改革。加强全民国防教育。健全党政军警民合力强边固防工作机制。完善双拥工作和军民共建机制，加强军政军民团结。

79. 党的十九届四中全会提出如何全面准确贯彻“一国两制”、“港人治港”、“澳人治澳”、高度自治的方针？

坚持依法治港治澳，维护宪法和基本法确定的宪制秩序，把坚持“一国”原则和尊重“两制”差异、维护中央对特别行政区全面管治权和保障特别行政区高度自治权、发挥祖国内地坚强后盾作用和提高特别行政区自身竞争力结合起来。完善特别行政区同宪法和基本法实施相关的制度和机制，坚持以爱国者为主体的“港人治港”“澳人治澳”，提高特别行政区依法治理能力和水平。

80. 党的十九届四中全会提出如何健全党对外事工作领导体制机制？

坚持外交大权在党中央，加强中国特色大国外交理论建设，全面贯彻党中央外交大政方针和战略部署。深入推进涉外体制机制建设，统筹协调党、人大、政府、政协、军队、地方、人民团体等的对外交往，加强党总揽全局、协调各方的对外工作大协同格局。加强涉外法治工作，建立涉外工作法务制度，加强国际法研究和运用，提高涉外工作法治化水平。

81. 党的十九届四中全会提出如何完善全方位外交布局？

坚定不移走和平发展道路，坚持在和平共处五项原则基础上全面发展同各国的友好合作，坚持国家不分大小、强弱、贫富一律平等，推动建设相互尊重、公平正义、合作共赢的新型国际关系，积极发展全球伙伴关系，维护全球战略稳定，反对一切形式的霸权主义和强权政治。坚持通过对话协商、以和平手段解决国际争端和热点难点问题，反对动辄使用武力或以武力相威胁。坚持奉行防御性的国防政策，永远不称霸，永远不搞扩张，永远做维护世界和平的坚定力量。

82. 党的十九届四中全会提出如何推进合作共赢的开放体系建设？

坚持互利共赢的开放战略，推动共建“一带一路”高质量发展，维护完善多边贸易体制，推动贸易和投资自由化便利化，推动构建面向全球的高标准自由贸易区网络，支持广大发展中国家提高自主发展能力，推动解决全球发展失衡、数字鸿沟等问题，推动建设开放型世界经济。健全对外开放安全保障体系。构建海外利益保护和风险预警防范体系，完善领事保护工作机制，维护海外同胞安全和正当权益，保障重大项目和人员机构安全。

83. 党的十九届四中全会提出如何积极参与全球治理体系改革和建设？

高举构建人类命运共同体旗帜，秉持共商共建共享的全球治理观，倡导多边主义和国际关系民主化，推动全球经济治理机制变革。推动在共同但有区别的责任、公平、各自能力等原则基础上开展应对气候变化国际合作。维护联合国在全球治理中的核心地位，支持上海合作组织、金砖国家、二十国集团等平台机制化建设，推动构建更加公正合理的国际治理体系。

84.《中共中央关于坚持和完善中国特色社会主义制度、推进国家治理体系和治理能力现代化若干重大问题的决定》的历史贡献是什么?

这一决定最大的历史贡献是全面回答了在我国国家制度和国家治理上，应该坚持和巩固什么、完善和发展什么这个重大政治问题。该决定全面总结了中国特色社会主义制度建设的历史性成就，集中概括了中国特色社会主义制度和国家治理体系的显著优势，深刻阐述了支撑中国特色社会主义制度的根本制度、基本制度、重要制度，明确了坚持和完善中国特色社会主义制度、推进国家治理体系和治理能力现代化的总体要求、总体目标和重点任务，既有理论上的新概括又有实践上的新要求，是坚持和完善中国特色社会主义制度、推进国家治理体系和治理能力现代化的政治宣言和行动纲领。

85. 2019年11月，习近平总书记在上海考察时就加强城市治理水平作出的重要指示内容是什么?

城市治理是推进国家治理体系和治理能力现代化的重要内容。衣食住行、教育就业、医疗养老、文化体育、生活环境、社会秩序等方面都体现着城市管理水平和服务质量。要牢记党的根本宗旨，坚持民有所呼、我有所应，把群众大大小小的事情办好。要推动城市治理的重心和配套资源向街道社区下沉，聚焦基层党建、城市管理、社区治理和公共服务等主责主业，整合审批、服务、执法等方面力量，面向区域内群众开展服务。要推进服务办理便捷化，优化办事流程，减少办理环节，加快政务信息系统资源整合共享。要推进服务供给精细化，找准服务群众的切入点和着力点，对接群众需求实施服务供给侧改革，办好一件件民生实事。

要深入学习贯彻党的十九届四中全会精神，提高城市治理现代化水平。要统筹规划、建设、管理和生产、生活、生态等各方面，发挥好政府、社会、市民等各方力量。要抓一些“牛鼻子”工作，抓好“政务服务一网通办”“城市运行一网统管”，坚持从群众需求和城市治理突出问题出发，把分散式信息系统整合起来，做到实战中管用、基层干部爱用、群众感到受用。要抓住人民最关心最直接最现实的利益问题，扭住突出民生难题，一件事情接着一件事情办，一年接着一年干，争取早见成效，让人民群众有更多获得感、幸福感、安全感。要履行好党和政府的责任，鼓励和支持企业、群团组织、社会组织积极参与，发挥群众主体作用，调动群众积极性、主动性、创造性，探索建立可持续的运作机制。

86. 新时代改革开放为何要强调制度建设?

新时代改革开放具有许多新的内涵和特点，其中很重要的一点就是制度建设分量更重，改革更多面对的是深层次体制机制问题，对改革顶层设计的要求更高，相应地建章立制、构建体系的任务更重。新时代谋划全面深化改革，必须以坚持和完善中国特色社会主义制度、推进国家治理体系和治理能力现代化为主轴，深刻把握我国发展要求和时代潮流，把制度建设和治理能力建设摆到更加突出的位置，继续深化各领域各方面体制机制改革，推动各方面制度更加成熟更加定型，推进国家治理体系和治理能力现代化。

第二部分

中国特色　民族特性　时代特征

87. 何为中国特色社会主义理论体系？

中国特色社会主义理论体系，即指中国共产党把马克思主义与中国实际相结合实现马克思主义中国化的最新理论成果。中国特色社会主义是科学社会主义的基本原则与中国实际相结合的产物，具有鲜明的时代特征和中国特色。具体内容包括邓小平理论、“三个代表”重要思想、科学发展观以及习近平新时代中国特色社会主义思想。

88. 何为中国特色社会主义道路？

中国特色社会主义道路，是在中国共产党领导下，立足基本国情，以经济建设为中心，坚持四项基本原则，坚持改革开放，解放和发展社会生产力，建设中国特色社会主义市场经济、社会主义民主政治、社会主义先进文化、社会主义和谐社会、社会主义生态文明，促进人的全面发展，逐步实现全体人民共同富裕，建设富强民主文明和谐美丽的社会主义现代化强国。

89. 中国特色社会主义的理论特征是什么？

时代性、民族性、科学性、民主性、群众性、创造性。

90. 哪次会议将习近平新时代中国特色社会主义思想确立为党必须长期坚持的指导思想并写入党章？

党的十九大。

91. 习近平新时代中国特色社会主义思想何时被载入宪法？

2018 年 3 月召开的十三届全国人大一次会议。

92. 习近平新时代中国特色社会主义思想系统回答了什么问题，包括哪些基本问题？

习近平新时代中国特色社会主义思想系统回答了新时代坚持和发展什么样的中国特色社会主义、怎样坚持和发展中国特色社会主义，包括新时代坚持和发展中国特色社会主义的总目标、总任务、总体布局、战略布局和发展方向、发展方式、发展动力、战略步骤、外部条件、政治保证等基本问题，并且要根据新的实践对经济、政治、法治、科技、文化、教育、民生、民族、宗教、社会、生态文明、国家安全、国防和军队、“一国两制”和祖国统一、统一战线、外交、党的建设等各方面作出理论分析和政策指导，以利于更好坚持和发展中国特色社会主义。

93. 习近平新时代中国特色社会主义思想的核心内容是什么？

“八个明确”和“十四个坚持”。

94. “八个明确”的具体内容是什么？

“八个明确”是习近平总书记 2017 年 10 月 18 日在党的十九大报告中提出的理论，回答了新时代我们要坚持和发展什么样的中国特色社会主义。具体内容为:（1）明确坚持和发展中国特色社会主义，总任务是实现社会主义现代化和中华民族伟大复兴，在全面建成小康社会的基础上，分两步走在21世纪中叶建成富强民主文明和谐美丽的社会主义现代化强国。（2）明确新时代我国社会主要矛盾是人民日益增长的美好生活需要和不平衡不充分的发展之间的矛盾，必须坚持以人民为中心的发展思想，不断促进人的全面发展、全体人民共同富裕。（3）明确中国特色社会主义事业总体布局是"五位一体"、战略布局是"四个全面"，强调坚定道路自信、理论自信、制度自信、文化自信。（4）明确全面深化改革总目标是完善和发展中国特色社会主义制度、推进国家治理体系和治理能力现代化。（5）明确全面推进依法治国总目标是建设中国特色社会主义法治体系、建设社会主义法治国家。（6）明确党在新时代的强军目标是建设一支听党指挥、能打胜仗、作风优良的人民军队，把人民军队建设成为世界一流军队。（7）明确中国特色大国外交要推动构建新型国际关系，推动构建人类命运共同体。（8）明确中国特色社会主义最本质的特征是中国共产党领导，中国特色社会主义制度的最大优势是中国共产党领导，党是最高政治领导力量，提出新时代党的建设总要求，突出政治建设在党的建设中的重要地位。

95. "十四个坚持"的具体内容是什么？

（1）坚持党对一切工作的领导。（2）坚持以人民为中心。（3）坚持全面深化改革。（4）坚持新发展理念。（5）坚持人民当家作主。（6）坚持全面依法治国。（7）坚持社会主义核心价值体系。（8）坚持在发展中保障和改善民生。（9）坚持人与自然和谐共生。

（10）坚持总体国家安全观。（11）坚持党对人民军队的绝对领导。（12）坚持“一国两制”和推进祖国统一。（13）坚持推动构建人类命运共同体。（14）坚持全面从严治党。

96. 习近平新时代中国特色社会主义思想的精髓是什么？

为人民谋幸福、为民族谋复兴、为世界作贡献。

97. 习近平新时代中国特色社会主义思想体现出哪五种自信自觉？

（1）对传承中华民族 5000 多年文明的自信自觉。（2）对发扬党的优良传统的自信自觉。（3）对坚持和发展中国特色社会主义的自信自觉。（4）对我们正在做的事情的自信自觉。（5）对党和国家光明前景的自信自觉。

98. 新时代我国社会主要矛盾是什么？

中国特色社会主义进入新时代，我国社会主要矛盾已经转化为人民日益增长的美好生活需要和不平衡不充分的发展之间的矛盾。

99. 为什么要长期坚持并不断发展习近平新时代中国特色社会主义思想？

（1）党的十九大把习近平新时代中国特色社会主义思想确立为党必须长期坚持的指导思想并庄严地写入党章，实现了党的指导思想的与时俱进。这是一个历史性决策和历史性贡献，体现了党在政治上理论上的高度成熟、高度自信。习近平新时代中国特色社会主义思想，是新时代中国共产党的思想旗帜，是国家政治生活和社会生活的根本指针，是当代中国马克思主义、二十一世纪马克思主义。（2）时代是思想之母，实践是理论之源。当代中国正经历着我国历史上最为广泛而深刻的社会变革，也正在进行着人类历史上最为宏大而独特的实践创新。中国特色社会主义进入新时代，这是一个需要理论而且一定能够产生理论的时代，是一个需要思想而且一定能够产生思想的时代。党的十八大以来，党和国家事业之所以取得全方位、开创性历史成就，发生深层次、根本性历史变革，根本在于以习近平同志为核心的党中央的坚强领导，根本在于习近平新时代中国特色社会主义思想的科学指导。（3）中国共产党是一贯重视理论指导和勇于进行理论创新的马克思主义政党，在领导中国革命、建设、改革的长期实践中，始终坚持把马克思主义基本原理同中国具体实际和时代特征相结合，不断推进马克思主义中国化时代化大众化，不断开辟马克思主义发展新境界。（4）习近平新时代中国特色社会主义思想，坚持马克思主义立场观点方法，坚持科学社会主义基本原则，科学总结世界社会主义运动经验教训，根据时代和实践发展变化，以崭新的思想内容丰富和发展了马克思主义，形成了系统科学的理论体系。

100. 习近平新时代中国特色社会主义思想的核心要义是什么？

坚持和发展中国特色社会主义。

101. 习近平新时代中国特色社会主义思想的重大意义是什么？

（1）习近平新时代中国特色社会主义思想深入回答时代之问，不断引领时代前进，是新时代精神的精华。（2）习近平新时代中国特色社会主义思想深化对共产党执政规律、社会主义建设规律、人类社会发展规律的认识，开辟了马克思主义中国化新境界。（3）习近平新时代中国特色社会主义思想根植于坚持和发展中国特色社会主义新的伟大实践，在指导实践、推动实践发展中展现出强大真理力量和独特思想魅力。（4）习近平新时代中国特色社会主义思想推动构建新型国际关系和人类命运共同体，为世界和平与发展作出重大贡献。

102. 习近平新时代中国特色社会主义思想的理论特色是什么？

（1）坚持以马克思主义为指导。（2）立足时代之基推进理论创新。（3）坚持以人民为中心。（4）彰显世界眼光和人类情怀。

103. 中国特色社会主义进入新时代的意义是什么？

中国特色社会主义进入新时代，在中华人民共和国发展史上、中华民族发展史上具有重大意义，在世界社会主义发展史上、人类社会发展史上也具有重大意义。这意味着，近代以来久经磨难的中华民族迎来了从站起来、富起来到强起来的伟大飞跃，迎来了实现中华民族伟大复兴的光明前景。这意味着，科学社会主义在二十一世纪的中国焕发出强大生机活力，在世界上高高举起了中国特色社会主义伟大旗帜。这意味着，中国特色社会主义道路、理论、制度、文化不断发展，拓展了发展中国家走向现代化的途径，给世界上那些既希望加快发展又希望保持自身独立性的国家和民族提供了全新选择，为解决人类问题贡献了中国智慧和中国方案。

104. 中国特色社会主义进入新时代体现出哪些新特征？

（1）党的理论创新实现了新飞跃。（2）党的执政方式和执政方略有了重大创新。（3）党推动发展的理念和方式有重大转变。（4）我国发展的条件和环境有重大变化。（5）对发展水平和质量的要求比以往更高。

105. 新时代是一个怎样的新时代？

习近平总书记强调："新时代是中国特色社会主义新时代，而不是别的什么新时代。"这个新时代，是承前启后、继往开来、在新的历史条件下继续夺取中国特色社会主义伟大胜利的时代。这个新时代，是决胜全面建成小康社会、进而全面建设社会主义现代化强国的时代。这个新时代，是全国各族人民团结奋斗、不断创造美好生活、逐步实现全体人民共同富裕的时代。这个新时代，是全体中华儿女勠力同心、奋力实现中华民族伟大复兴中国梦的时代。这个新时代，是我国日益走近世界舞台中央、不断为人类作出更大贡献的时代。

106. 习近平新时代中国特色社会主义思想体现了哪四个面向?

（1）面向历史：批判继承、发展创新。（2）面向现实：正视矛盾、谋篇布局。（3）面向未来：描绘蓝图、举旗定向。（4）面向世界：和而不同、中国智慧。

107. 习近平新时代中国特色社会主义思想活的灵魂是什么?

解放思想、实事求是、与时俱进。

108. “四个意识”具体内容是什么?

政治意识、大局意识、核心意识、看齐意识。

109. 什么是政治意识?

政治意识是指要求从政治上看待、分析和处理问题。我们党作为马克思主义政党，讲政治是突出的特点和优势。

110. 什么是大局意识?

大局意识要求自觉从大局看问题，把工作放到大局中去思考、定位、摆布，做到正确认识大局、自觉服从大局、坚决维护大局。

111. 什么是核心意识?

核心意识要求在思想上认同核心、在政治上围绕核心、在组织上服从核心、在行动上维护核心。增强核心意识，就是要坚持中国共产党的领导，坚决听从党中央的决策部署，坚决维护习近平总书记的威信。广大党员干部要始终在思想上政治上行动上同以习近平同志为核心的党中央保持高度一致，做到党中央提倡的坚决响应，党中央决定的坚决照办，党中央禁止的坚决杜绝。

112. 什么是看齐意识？

看齐意识就是经常、主动向党中央看齐，向党的理论和路线方针政策看齐，做到党中央提倡的坚决响应，党中央决定的坚持执行，党中央禁止的坚决不做。这为广大党员干部提出了行动指南，确立了根本遵循。

113. “四个自信”的具体内容是什么？

中国特色社会主义道路自信、理论自信、制度自信、文化自信。

114. 什么是道路自信？如何坚持道路自信？

道路自信是对发展方向和未来命运的自信。坚持道路自信，就是要全党和全国人民坚信中国特色社会主义道路是实现社会主义现代化的必由之路，创造人民美好生活的必由之路。

115. 什么是理论自信？如何坚持理论自信？

理论自信是对中国特色社会主义理论体系的科学性、真理性的自信。坚持理论自信，就是要全党和全国人民坚信中国特色社会主义理论体系是指导党和人民沿着中国特色社会主义道路实现中华民族伟大复兴的正确理论，是立于时代前沿、与时俱进的科学理论。

116. 什么是制度自信？如何坚持制度自信？

制度自信是对中国特色社会主义制度具有制度优势的自信。坚持制度自信，就是要全党和全国人民坚信中国特色社会主义制度是当代中国发展进步的根本制度保障，是具有鲜明中国特色、明显制度优势、强大自我完善能力的先进制度。

117. 什么是文化自信？如何坚持文化自信？

文化自信是对中国特色社会主义文化先进性的自信。坚持文化自信，就是要全党和全国人民坚信在 5000 多年文明发展中孕育的中华优秀传统文化，在党和人民伟大斗争中孕育的革命文化和社会主义先进文化，积淀着中华民族最深层的精神追求，代表着中华民族独特的精神标识。

118. 发展中国特色社会主义为什么必须坚持道路自信？

中国特色社会主义道路既坚持了科学社会主义基本原理又赋予其鲜明的中国特色，是马克思主义基本原理与当代中国实际有机结合的成果。中国特色社会主义道路在短短几十年的时间里使我国生产力得到快速发展，综合国力得到快速增强，人民生活水平得到快速提高。理论的科学性和实践的成效性是我们坚持道路自信的最根本的内在依据。

119. 发展中国特色社会主义为什么必须坚持制度自信?

（1）中国特色社会主义制度的优势已被实践和时间所证明。能够集中力量办大事，有效促进社会生产力发展，促进现代化各项事业发展，促进人民生活水平不断提高，增进中国人民和中华民族的福祉。（2）中国特色社会主义制度植根于自己的文化传统。独特的基本国情、历史命运和文化传统塑造了中国特色社会主义制度。（3）中国特色社会主义制度已经形成独具特色的体系。经济体制、政治体制、文化体制、社会体制、生态文明体制、党的民主集中制、领导干部任期制、党内监督制度等各项体制机制逐渐完善。这些制度相互联系、相互协同，形成一整套科学系统的制度体系。（4）中国特色社会主义制度为中国特色社会主义道路的确立和发展提供了坚强的政治保障，也为中国特色社会主义事业的不断发展和进步提供了强大政治动力。

120. 发展中国特色社会主义为什么必须坚持文化自信?

文化是一个国家、一个民族的灵魂。文化兴国运兴，文化强民族强。没有高度的文化自信，没有文化的繁荣兴盛，就没有中华民族伟大复兴。要坚持中国特色社会主义文化发展道路，激发全民族文化创新创造活力，建设社会主义文化强国。坚定中国特色社会主义道路自信、理论自信、制度自信，说到底是要坚持文化自信。

121. 发展中国特色社会主义为什么必须坚持理论自信？

（1）中国特色社会主义理论体系自身的科学性。在当代中国，坚持中国特色社会主义理论体系，就是坚持马克思主义。（2）中国特色社会主义理论体系的正确性。中国特色社会主义理论体系是指导党和人民沿着中国特色社会主义道路实现中华民族伟大复兴的正确理论，指引全党和全国人民取得了巨大胜利，并正在继续指引我们取得新的更大胜利。对这一科学理论，我们必须坚定不移、充满自信。

122. 全面深化改革是在哪次会议上提出来的？

党的十八届三中全会。

123. 新时代全面深化改革的指导思想是什么？

全面深化改革必须高举中国特色社会主义伟大旗帜，以马克思列宁主义、毛泽东思想、邓小平理论、“三个代表”重要思想、科学发展观、习近平新时代中国特色社会主义思想为指导，坚定信心，凝聚共识，统筹谋划，协同推进，坚持社会主义市场经济改革方向，以促进社会公平正义、增进人民福祉为出发点和落脚点，进一步解放思想、解放和发展社会生产力、解放和增强社会活力，坚决破除各方面体制机制弊端，努力开拓中国特色社会主义事业更加广阔的前景。

124. 全面深化改革如何创新社会治理体制？

（1）改进社会治理方式。（2）激发社会组织活力。（3）创新有效预防和化解社会矛盾体制。（4）健全公共安全体系。

125. 全面深化改革如何加快生态文明制度建设？

（1）健全自然资源资产产权制度和用途管制制度。（2）划定生态保护红线。（3）实行资源有偿使用制度和生态补偿制度。（4）改革生态环境保护管理体制。

126. “四个全面”是指什么？

全面建成小康社会、全面深化改革、全面依法治国、全面从严治党。

127. “四个全面”的本质意义是什么？

“四个全面”的本质意义就是战略布局。这个战略布局蕴含了深刻的战略思想。将全面建成小康社会定位为实现中华民族伟大复兴中国梦的关键一步；将全面深化改革的总目标确定为完善和发展中国特色社会主义制度、推进国家治理体系和治理能力现代化；将全面依法治国论述为全面深化改革的抓手、定海神针和助推器；第一次为全面从严治党标定路径，要求增强从严治党的系统性、预见性、创造性、实效性。

128. “五位一体”总体布局具体内容是什么？

“五位一体”总体布局是指经济建设、政治建设、文化建设、社会建设和生态文明建设五位一体，全面推进。

129. “五位一体”总体布局概念是怎样发展的?

“五位一体”总体布局是中国共产党在领导人民建设中国特色社会主义的实践中认识不断深化的结果，代表了广大人民群众的根本利益和共同愿望。邓小平同志首先提出包括物质文明、精神文明在内的“两个文明”建设。党的十三大报告进一步提出，“为把我国建设成为富强、民主、文明的社会主义现代化国家而奋斗”。现代化奋斗目标进一步具体化为经济建设、政治建设和文化建设三方面。党的十六大在经济建设、政治建设、文化建设“三位一体”的基础上，首次把“社会更加和谐”纳入全面建设小康社会的一个重要目标。党的十七大报告进而明确，要“建设社会主义市场经济、社会主义民主政治、社会主义先进文化、社会主义和谐社会，建设富强民主文明和谐的社会主义现代化国家”。党的十八大报告指出，建设中国特色社会主义，总依据是社会主义初级阶段，总布局是五位一体，总任务是实现社会主义现代化和中华民族伟大复兴。报告对五位一体总体布局的阐述是，全面推进经济建设、政治建设、文化建设、社会建设、生态文明建设，实现以人为本、全面协调可持续的科学发展。2012 年 11 月，习近平总书记在十八届中共中央政治局第一次集体学习中指出，党的十八大把生态文明建设纳入中国特色社会主义事业总体布局，使生态文明建设的战略地位更加明确，有利于把生态文明建设融入经济建设、政治建设、文化建设、社会建设各方面和全过程。

130. “五位一体”总体布局的内在联系是怎样的?

“五位一体”总体布局是一个有机整体，经济建设是根本，政治建设是保障，文化建设是灵魂，社会建设是条件，生态文明建设是基础，共同致力于全面提升我国物质文明、政治文明、精神文明、社会文明、生态文明，统一于把我国建成富强民主文明和谐美丽的社会主义现代化强国的新目标。

131. “中国梦”理念是何时被提出来的？实现中华民族伟大复兴的中国梦主要内涵是什么？

2012 年 11 月，习近平总书记带领十八届中央政治局常委前往国家博物馆参观《复兴之路》展览时，首次提出“中国梦”概念。实现中华民族伟大复兴的中国梦主要内涵是实现国家富强、民族振兴、人民幸福。

132. “中国梦”的核心目标是什么？

“中国梦”的核心目标可以概括为“两个一百年”的目标，也就是到 2021 年中国共产党成立 100 周年和 2049 年中华人民共和国成立 100 周年时，逐步并最终顺利实现中华民族的伟大复兴，具体表现是国家富强、民族振兴、人民幸福。

133. “中国梦”的实现途径是什么？实施手段是什么？

“中国梦”的实现途径是走中国特色的社会主义道路、坚持中国特色社会主义理论体系、弘扬民族精神、凝聚中国力量。实施手段是政治、经济、文化、社会、生态文明五位一体建设。

134. “中国梦”的最大特点是什么?

把国家、民族和个人作为一个命运的共同体，把国家利益、民族利益和每个人的具体利益都紧紧地联系在一起。

135. 新发展理念是指什么?

新发展理念是指创新、协调、绿色、开放、共享的发展理念。

136. 新发展理念是什么时候提出来的?

2015 年 10 月，习近平总书记在党的十八届五中全会上首次提出新发展理念。

137. 在新发展理念中，为什么把创新放在第一位?

把创新摆在第一位，是因为创新是引领发展的第一动力。发展动力决定发展速度、效能、可持续性。对我国这么大体量的经济体来讲，如果动力问题解决不好，要实现经济持续健康发展和“两个翻番”是难以做到的。当然，协调发展、绿色发展、开放发展、共享发展都有利于增强发展动力，但核心在创新。虽然我国经济总量跃居世界第二，但大而不强、臃肿虚胖体弱问题相当突出，主要体现在创新能力不强，这是我国这个经济大块头的“阿喀琉斯之踵”。通过创新引领和驱动发展已经成为我国发展的迫切要求。抓创新就是抓发展，谋创新就是谋未来。

138. 什么是绿色发展？绿色发展的必要性是什么？

绿色发展，就其要义来讲，是要解决好人与自然和谐共生问题。人类发展活动必须尊重自然、顺应自然、保护自然，否则就会遭到大自然的报复，这个规律谁也无法抗拒。生态环境没有替代品，用之不觉，失之难存。环境就是民生，青山就是美丽，蓝天也是幸福，绿水青山就是金山银山；保护环境就是保护生产力，改善环境就是发展生产力。在生态环境保护上，一定要树立大局观、长远观、整体观，不能因小失大、顾此失彼、寅吃卯粮、急功近利。我们要坚持节约资源和保护环境的基本国策，像保护眼睛一样保护生态环境，像对待生命一样对待生态环境，推动形成绿色发展方式和生活方式，协同推进人民富裕、国家强盛、中国美丽。

139. 如何建设美丽中国？

（1）要推进绿色发展。（2）要着力解决突出环境问题。（3）要加大生态系统保护力度。（4）要改革生态环境监管体制。

140. 共享发展的实质是什么？

共享理念实质就是坚持以人民为中心的发展思想，体现的是逐步实现共同富裕的要求。

141. 共享发展的内涵是什么？

（1）共享是全民共享。这是就共享的覆盖面而言的。共享发展是人人享有、各得其所，不是少数人共享、一部分人共享。（2）共享是全面共享。这是就共享的内容而言的。共享发展就要共享国家经济、政治、文化、社会、生态各方面建设成果，全面保障人民在各方面的合法权益。（3）共享是共建共享。这是就共享的实现途径而言的。共建才能共享，共建的过程也是共享的过程。要充分发扬民主，广泛汇聚民智，最大激发民力，形成人人参与、人人尽力、人人都有成就感的生动局面。（4）共享是渐进共享。这是就共享发展的推进进程而言的。共享发展必将有一个从低级到高级、从不均衡到均衡的过程，即使达到很高的水平也会有差别。我们要立足国情、立足经济社会发展水平来思考设计共享政策。这四个方面是相互贯通的，要整体理解和把握。

142. 如何落实共享发展理念？

（1）充分调动人民群众的积极性、主动性、创造性，举全民之力推进中国特色社会主义事业，不断把“蛋糕”做大。（2）把不断做大的“蛋糕”分好，让社会主义制度的优越性得到更充分体现，让人民群众有更多获得感。要扩大中等收入阶层，逐步形成橄榄型分配格局。特别要加大对困难群众的帮扶力度，坚决打赢农村贫困人口脱贫攻坚战。落实共享发展是一门大学问，要做好从顶层设计到“最后一公里”落地的工作，在实践中不断取得新成效。

143. 全面建成小康社会是哪次会议正式提出的？

党的十八大首次正式提出全面建成小康社会。

144. 什么是决胜全面建成小康社会的三大攻坚战？

党的十九大报告指出，要坚决打好防范化解重大风险、精准脱贫、污染防治的攻坚战，使全面建成小康社会得到人民认可、经得起历史检验。

145. 全面建成小康社会的底线目标及其主要内容是什么？

打赢脱贫攻坚战是全面建成小康社会的底线目标。这个目标的主要内容是，到 2020 年，实现“两不愁三保障”，核心是“两个确保”。“两不愁”就是稳定实现农村贫困人口不愁吃、不愁穿，“三保障”就是保障义务教育、基本医疗、住房安全。“两个确保”就是确保农村贫困人口全部脱贫，确保贫困县全部脱贫摘帽。

146. 全面把握打赢脱贫攻坚战三年行动的任务目标是什么？

到 2020 年，巩固脱贫成果，通过发展生产脱贫一批，易地搬迁脱贫一批，生态补偿脱贫一批，发展教育脱贫一批，社会保障兜底一批，因地制宜综合施策，确保现行标准下农村贫困人口实现脱贫，消除绝对贫困；确保贫困县全部摘帽，解决区域性整体贫困。实现贫困地区农民人均可支配收入增长幅度高于全国平均水平。实现贫困地区基本公共服务主要领域指标接近全国平均水平，主要有：贫困地区具备条件的乡镇和建制村通硬化路，贫困村全部实现通动力电，全面解决贫困人口住房和饮水安全问题，贫困村达到人居环境干净整洁的基本要求，切实解决义务教育学生因贫失学辍学问题，基本养老保险和基本医疗保险、大病保险实现贫困人口全覆盖，最低生活保障实现应保尽保。集中连片特困地区和革命老区、民族地区、边疆地区发展环境明显改善，深度贫困地区如期完成全面脱贫任务。

147. 全面把握打赢脱贫攻坚战三年行动的工作要求是什么？

（1）坚持严格执行现行扶贫标准。（2）坚持精准扶贫精准脱贫基本方略。（3）坚持把提高脱贫质量放在首位。（4）坚持扶贫同扶志扶智相结合。（5）坚持开发式扶贫和保障性扶贫相统筹。（6）坚持脱贫攻坚与锤炼作风、锻炼队伍相统一。（7）坚持调动全社会扶贫积极性。

148. 党的十九届四中全会提出如何坚持和完善人民代表大会制度这一根本政治制度？

人民行使国家权力的机关是全国人民代表大会和地方各级人民代表大会。支持和保证人民通过人民代表大会行使国家权力，保证各级人大都由民主选举产生、对人民负责、受人民监督，保证各级国家机关都由人大产生、对人大负责、受人大监督。支持和保证人大及其常委会依法行使职权，健全人大对“一府一委两院”监督制度。密切人大代表同人民群众的联系，健全代表联络机制，更好发挥人大代表作用。健全人大组织制度、选举制度和议事规则，完善论证、评估、评议、听证制度。适当增加基层人大代表数量。加强地方人大及其常委会建设。

149. 党的十九届四中全会提出如何坚持和完善中国共产党领导的多党合作和政治协商制度？

贯彻长期共存、互相监督、肝胆相照、荣辱与共的方针，加强中国特色社会主义政党制度建设，健全相互监督特别是中国共产党自觉接受监督、对重大决策部署贯彻落实情况实施专项监督等机制，完善民主党派中央直接向中共中央提出建议制度，完善支持民主党派和无党派人士履行职能方法，展现我国新型政党制度优势。发挥人民政协作为政治组织和民主形式的效能，提高政治协商、民主监督、参政议政水平，更好凝聚共识。完善人民政协专门协商机构制度，丰富协商形式，健全协商规则，优化界别设置，健全发扬民主和增进团结相互贯通、建言资政和凝聚共识双向发力的程序机制。

坚持社会主义协商民主的独特优势，统筹推进政党协商、人大协商、政府协商、政协协商、人民团体协商、基层协商以及社会组织协商，构建程序合理、环节完整的协商民主体系，完善协商于决策之前和决策实施之中的落实机制，丰富有事好商量、众人的事情由众人商量的制度化实践。

150. 党的十九届四中全会提出如何巩固和发展最广泛的爱国统一战线？

坚持大统战工作格局，坚持一致性和多样性统一，完善照顾同盟者利益政策，做好民族工作和宗教工作，健全党外代表人士队伍建设制度，凝聚港澳同胞、台湾同胞、海外侨胞力量，谋求最大公约数，画出最大同心圆，促进政党关系、民族关系、宗教关系、阶层关系、海内外同胞关系和谐。

151. 党的十九届四中全会提出如何坚持和完善民族区域自治制度？

坚定不移走中国特色解决民族问题的正确道路，坚持各民族一律平等，坚持各民族共同团结奋斗、共同繁荣发展，保证民族自治地方依法行使自治权，保障少数民族合法权益，巩固和发展平等团结互助和谐的社会主义民族关系。坚持不懈开展马克思主义祖国观、民族观、文化观、历史观宣传教育，打牢中华民族共同体思想基础。全面深入持久开展民族团结进步创建，加强各民族交往交流交融。支持和帮助民族地区加快发展，不断提高各族群众生活水平。

152. 中华人民共和国成立以来我国民族工作的主要成功经验是什么？

（1）坚持准确把握我国统一的多民族国家的基本国情，把维护国家统一和民族团结作为各民族最高利益。（2）坚持马克思主义民族理论中国化，坚定走中国特色解决民族问题的正确道路。（3）坚持和完善民族区域自治制度，做到统一和自治相结合、民族因素和区域因素相结合。（4）坚持促进各民族交往交流交融，不断铸牢中华民族共同体意识。（5）坚持加快少数民族和民族地区发展，不断满足各族群众对美好生活的向往。（6）坚持文化认同是最深层的认同，构筑中华民族共有精神家园。（7）坚持各民族在法律面前一律平等，用法律保障民族团结。（8）坚持在继承中发展、在发展中创新，使党的民族政策既一脉相承又与时俱进。（9）坚持加强党对民族工作的领导，不断健全推动民族团结进步事业发展的体制机制。

153. 坚持党的领导对民族团结的重要性是什么？

坚持党的领导，团结带领各族人民坚定走中国特色社会主义道路。实践证明，只有中国共产党才能实现中华民族的大团结，只有中国特色社会主义才能凝聚各民族、发展各民族、繁荣各民族。我们要坚持党的领导，不忘初心、牢记使命，坚持走中国特色解决民族问题的正确道路，坚持和完善民族区域自治制度，加强党的民族理论和民族政策学习以及民族团结教育，以铸牢中华民族共同体意识为主线做好各项工作，把各族干部群众的思想和行动统一到党中央决策部署上来，不断增强各族群众对伟大祖国、中华民族、中华文化、中国共产党、中国特色社会主义的认同。

154. 新形势下做好民族工作的具体措施是什么？

（1）必须加强党对民族工作的领导。各级党委要把民族工作摆上重要议事日程，把懂不懂民族工作、会不会搞民族团结作为考察领导干部的重要内容。（2）要加强民族领域基础理论问题和重大现实问题研究，创新中国特色社会主义民族理论政策的话语体系，提升在国际上的影响力和感召力。（3）要夯实基层基础，推动党政机关、企事业单位、民主党派、人民团体一起做好民族工作。（4）要重视民族工作干部队伍建设，大力培养选拔少数民族干部和各类人才，支持民族工作部门更好履职尽责。

第三部分

新党章　新标准　新要求

155. 满足哪些条件可以申请加入中国共产党?

年满 18 岁的中国工人、农民、军人、知识分子和其他社会阶层的先进分子，承认党的纲领和章程，愿意参加党的一个组织并在其中积极工作、执行党的决议和按期交纳党费的，可以申请加入中国共产党。

156. 怎样理解“中国共产党党员是中国工人阶级的有共产主义觉悟的先锋战士”?

《中国共产党章程》规定:“中国共产党党员是中国工人阶级的有共产主义觉悟的先锋战士。”这是做合格的共产党员的基本条件。

中国共产党党员是中国工人阶级的先锋战士，是由党的阶级基础决定的。中国共产党自成立之日起，就规定自己为中国工人阶级的政党，集合了工人阶级中具有共产主义觉悟的先进分子，成为中国工人阶级的先锋队。

中国共产党党员是具有共产主义觉悟的先锋战士，是由党所肩负的使命决定的。中国共产党党员必须全心全意为人民服务，不惜牺牲个人的一切，为实现共产主义奋斗终身。中国共产党党员永远是劳动人民的普通一员。除了法律和政策规定范围内的个人利益和工作职权以外，所有共产党员都不得谋求任何私利和特权。

157. 共产党员必须履行的义务有哪些?

（1）认真学习马克思列宁主义、毛泽东思想、邓小平理论、“三个代表”重要思想、科学发展观和习近平新时代中国特色社会主义思想，学习党的路线、方针、政策及决议，学习党的基本知识，学习科学、文化、法律和业务知识，努力提高为人民服务的本领。（2）贯彻执行党的基本路线和各项方针、政策，带头参加改革开放和社会主义现代化建设，带动群众为经济发展和社会进步艰苦奋斗，在生产、工作、学习和社会生活中起先锋模范作用。（3）坚持党和人民的利益高于一切，个人利益服从党和人民的利益，吃苦在前，享受在后，克己奉公，多做贡献。（4）自觉遵守党的纪律，模范遵守国家的法律法规，严格保守党和国家的秘密，执行党的决定，服从组织分配，积极完成党的任务。（5）维护党的团结和统一，对党忠诚老实，言行一致，坚决反对一切派别组织和小集团活动，反对阳奉阴违的两面派行为和一切阴谋诡计。（6）切实开展批评和自我批评，勇于揭露和纠正工作中的缺点、错误，坚决同消极腐败现象作斗争。（7）密切联系群众，向群众宣传党的主张，遇事同群众商量，及时向党反映群众的意见和要求，维护群众的正当利益。（8）发扬社会主义新风尚，带头实践社会主义荣辱观，提倡共产主义道德，为了保护国家和人民的利益，在一切困难和危险的时刻挺身而出，英勇斗争，不怕牺牲。

158. 共产党员享有的权利有哪些？

（1）参加党的有关会议，阅读党的有关文件，接受党的教育和培训。（2）在党的会议上和党报党刊上，参加关于党的政策问题的讨论。（3）对党的工作提出建议和倡议。（4）在党的会议上有根据地批评党的任何组织和任何党员，向党负责地揭发、检举党的任何组织和任何党员违法乱纪的事实，要求处分违法乱纪的党员，要求罢免或撤换不称职的干部。（5）行使表决权、选举权，有被选举权。

（6）在党组织讨论决定对党员的党纪处分或作出鉴定时，本人有权参加和进行申辩，其他党员可以为他作证和辩护。（7）对党的决议和政策如有不同意见，在坚决执行的前提下，可以声明保留，并且可以把自己的意见向党的上级组织直至中央提出。（8）向党的上级组织直至中央提出请求、申诉和控告，并要求有关组织给予负责的答复。党的任何一级组织直至中央都无权剥夺党员的上述权利。

159. 发展党员的原则和程序是什么？

发展党员，必须经过党的支部，坚持个别吸收的原则。

申请入党的人，要填写入党志愿书，要有两名正式党员作介绍人，要经过支部大会通过和上级党组织批准，并且经过预备期的考察，才能成为正式党员。

介绍人要认真了解申请人的思想、品质、经历和工作表现，向他解释党的纲领和党的章程，说明党员的条件、义务和权利，并向党组织作出负责的报告。

党的支部委员会对申请入党的人，要注意征求党内外有关群众的意见，进行严格的审查，认为合格后再提交支部大会讨论。

上级党组织在批准申请人入党以前，要派人同他谈话，作进一步的了解，并帮助他提高对党的认识。

在特殊情况下，党的中央和省、自治区、直辖市委员会可以直接接收党员。

160. 入党誓词的内容是什么？

我志愿加入中国共产党，拥护党的纲领，遵守党的章程，履行党员义务，执行党的决定，严守党的纪律，保守党的秘密，对党忠诚，积极工作，为共产主义奋斗终身，随时准备为党和人民牺牲一切，永不叛党。

161. 党章有关预备党员的规定有哪些？

预备党员的预备期为一年。党组织对预备党员应当认真教育和考察。

预备党员的义务同正式党员一样。预备党员的权利，除了没有表决权、选举权和被选举权以外，也同正式党员一样。

预备党员预备期满，党的支部应当及时讨论他能否转为正式党员。认真履行党员义务，具备党员条件的，应当按期转为正式党员；需要继续考察和教育的，可以延长预备期，但不能超过一年；不履行党员义务，不具备党员条件的，应当取消预备党员资格。预备党员转为正式党员，或延长预备期，或取消预备党员资格，都应当经支部大会讨论通过和上级党组织批准。

预备党员的预备期，从支部大会通过他为预备党员之日算起。党员的党龄，从预备期满转为正式党员之日算起。

162. 党章对党员退党如何规定？

党员有退党的自由。党员要求退党，应当经支部大会讨论后宣布除名，并报上级党组织备案。

党员缺乏革命意志，不履行党员义务，不符合党员条件，党的支部应当对他进行教育，要求他限期改正；经教育仍无转变的，应当劝他退党。劝党员退党，应当经支部大会讨论决定，并报上级党组织批准。如被劝告退党的党员坚持不退，应当提交支部大会讨论，决定把他除名，并报上级党组织批准。

党员如果没有正当理由，连续六个月不参加党的组织生活，或不交纳党费，或不做党所分配的工作，就被认为是自行脱党。支部大会应当决定把这样的党员除名，并报上级党组织批准。

163. 党的民主集中制的基本原则有哪些？

（1）党员个人服从党的组织，少数服从多数，下级组织服从上级组织，全党各个组织和全体党员服从党的全国代表大会和中央委员会。（2）党的各级领导机关，除它们派出的代表机关和在非党组织中的党组外，都由选举产生。（3）党的最高领导机关，是党的全国代表大会和它所产生的中央委员会。党的地方各级领导机关，是党的地方各级代表大会和它们所产生的委员会。党的各级委员会向同级的代表大会负责并报告工作。（4）党的上级组织要经常听取下级组织和党员群众的意见，及时解决他们提出的问题。党的下级组织既要向上级组织请示和报告工作，又要独立负责地解决自己职责范围内的问题。上下级组织之间要互通情报、互相支持和互相监督。党的各级组织要按规定实行党务公开，使党员对党内事务有更多的了解和参与。（5）党的各级委员会实行集体领导和个人分工负责相结合的制度。凡属重大问题都要按照集体领导、民主集中、个别酝酿、会议决定的原则，由党的委员会集体讨论，作出决定；委员会成员要根据集体的决定和分工，切实履行自己的职责。（6）党禁止任何形式的个人崇拜。要保证党的领导人的活动处于党和人民的监督之下，同时维护一切代表党和人民利益的领导人的威信。

164. 党始终保持先进性和纯洁性的法宝是什么？

（1）发挥党的理论优势，最重要的就是必须坚持马克思主义，不断推进马克思主义中国化时代化大众化，努力提高广大党员和干部的思想理论素质，从理论上保持和发展党的先进性和纯洁性。（2）发挥党的政治优势，最重要的就是必须通过强有力的思想政治工作，教育广大党员和干部坚定中国特色社会主义信念，坚持贯彻艰苦奋斗、勤俭建国的方针，从政治上保持和发展党的先进性和纯洁性。（3）发挥党的组织优势，最重要的就是必须坚持健全党的组织体系和完善党的组织方式，努力建设高素质干部队伍和人才队伍，切实做好抓基层打基础工作，从组织上保持和发展党的先进性和纯洁性。（4）发挥党的制度优势，最重要的就是必须坚持民主基础上的集中和集中指导下的民主相结合，不断巩固党的团结统一和增强党的创造活力，从制度上保持和发展党的先进性和纯洁性。（5）分发挥党密切联系群众的优势，最重要的就是必须坚持党的根本宗旨，贯彻党的群众路线，使党的一切工作充分体现人民群众的意志、利益和要求，从作风上保持和发展党的先进性和纯洁性。

165. 中国共产党人的初心和使命是什么？

为中国人民谋幸福，为中华民族谋复兴。

166. 党的生命线和根本工作路线是什么？

一切为了群众、一切依靠群众，从群众中来、到群众中去的群众路线，是我们的事业不断取得胜利的重要法宝，也是我们党的生命线和根本工作路线。

167. 新时代党面临的四大考验是什么?

执政考验、改革开放考验、市场经济考验、外部环境考验。

168. 新时代党面临的四大危险是什么?

精神懈怠危险、能力不足危险、脱离群众危险、消极腐败危险。

169. 新时代党的建设总要求是什么?

坚持和加强党的全面领导，坚持党要管党、全面从严治党，以加强党的长期执政能力建设、先进性和纯洁性建设为主线，以党的政治建设为统领，以坚定理想信念宗旨为根基，以调动全党积极性、主动性、创造性为着力点，全面推进党的政治建设、思想建设、组织建设、作风建设、纪律建设，把制度建设贯穿其中，深入推进反腐败斗争，不断提高党的建设质量，把党建设成为始终走在时代前列、人民衷心拥护、勇于自我革命、经得起各种风浪考验、朝气蓬勃的马克思主义执政党。新时代党的建设总要求，是新时代管党治党的总纲领和总遵循。

170. 党的十九大对党章作了哪些重要修改?

党的十九大通过了关于《中国共产党章程（修正案）》的决议，对现行党章作出了 107 处修改，其中总纲部分修改 58 处，条文部分修改 49 处，重要修改主要集中在十个方面:（1）把习近平新时代中国特色社会主义思想写入党章。（2）把中国特色社会主义文化写入党章。（3）把实现中华民族伟大复兴的中国梦写入党章。（4）根据我国社会主要矛盾的转化作出相应修改，作出了我国社会主要矛盾已经转化为人民日益增长的美好生活需要和不平衡不充分的发展之间的矛盾的重大政治论断。（5）把推进国家治理体系和治理能力现代化写入党章。（6）把供给侧结构性改革、“绿水青山就是金山银山”写入党章。（7）把人类命运共同体、“一带一路”写入党章。（8）把全面从严治党、“四个意识”写入党章。（9）把“党是领导一切的”写入党章。（10）把党章部分条文作了适当修改。

171. 党的十八大以来，中央和国家机关党的建设收获了哪些重要经验？

（1）只有坚持和加强党的全面领导，坚持党要管党，以党的政治建设为统领，才能永葆中央和国家机关作为政治机关的鲜明本色。（2）只有坚持以新时代中国特色社会主义思想为指导，高举思想旗帜、强化理论武装，机关党建工作才能始终确保正确方向。（3）只有围绕中心、建设队伍、服务群众，推动党建和业务深度融合，机关党建工作才能找准定位。（4）只有持之以恒抓基层、打基础，发挥基层党组织战斗堡垒作用和党员先锋模范作用，机关党建工作才能落地生根。（5））只有与时俱进、改革创新，勇于探索实践、善于总结经验，机关党建工作才能不断提高质量、充满活力。（6）只有全面落实党建责任制，坚持党委（党组）班子带头、以上率下、以机关带系统，机关党建工作才能形成强大合力。

172. 为什么新时代要坚持和加强党的全面领导？

（1）完成中华民族伟大复兴的根本保证。新时代党的历史使命就是要团结人民进行伟大斗争、建设伟大工程、推进伟大事业、实现伟大梦想，完成“两个一百年”的宏伟目标，最终实现中华民族伟大复兴，坚持和加强党的全面领导是实现这一目标的根本保证。（2）发挥中国特色社会主义最大优势的必然选择。要把新时代坚持和发展中国特色社会主义这场伟大社会革命进行好，必须把党建设得更加坚强有力，发挥党总揽全局、协调各方的领导核心作用。（3）深入推进全面从严治党的必然要求。治国必先治党，治党务必从严。没有从严治党，就无法根治党内存在的突出问题，党的全面领导就难以实现；没有党的全面领导，从严治党就会失去意义。坚持和加强党的全面领导就必须毫不动摇地推进从严治党。

173. 新时代坚持和加强党的全面领导的基本内涵是什么？

（1）必须把党的政治建设摆在首位。政治建设是党的根本性建设，决定党的建设方向。只有党的政治建设搞好了，才能保证党的政治方向和政治路线正确。（2）确保党始终总揽全局、协调各方。“党是领导一切的”，把方向、谋大局、定政策、促改革，确保党中央重大决策部署落到实处。（3）不断完善坚持和加强党的全面领导的体制机制。制度管根本、管全局、管长远，健全和完善党内法规制度体系，优化党的组织机构，善于通过党组织和党员干部来贯彻实施党的路线方针政策。

174. 新时代党的建设指导方针是什么?

坚持党要管党、全面从严治党。

175. 新时代党的建设的主线是什么?

加强党的长期执政能力建设、先进性和纯洁性建设。

176. 新时代党的建设的总体布局是什么?

全面推进党的政治建设、思想建设、组织建设、作风建设、纪律建设，把制度建设贯穿其中，深入推进反腐败斗争，不断提高党的建设质量。

177. 新时代党的建设目标的新探索是什么?

（1）把党建设得更加坚强有力。（2）不断提高党的建设质量。（3）把党建设成为始终走在时代前列、人民衷心拥护、勇于自我革命、经得起各种风浪考验、朝气蓬勃的马克思主义执政党。

178. 党的十九届四中全会指出如何在不忘初心、牢记使命制度的建设过程中，坚持和完善党的领导制度体系?

确保全党遵守党章，恪守党的性质和宗旨，坚持用共产主义远大理想和中国特色社会主义共同理想凝聚全党、团结人民，用习近平新时代中国特色社会主义思想武装全党、教育人民、指导工作，夯实党执政的思想基础。把不忘初心、牢记使命作为加强党的建设的永恒课题和全体党员、干部的终身课题，形成长效机制，坚持不懈锤炼党员、干部忠诚干净担当的政治品格。全面贯彻党的基本理论、基本路线、基本方略，持续推进党的理论创新、实践创新、制度创新，使一切工作顺应时代潮流、符合发展规律、体现人民愿望，确保党始终走在时代前列、得到人民衷心拥护。

179. 党的十九届四中全会指出如何完善坚定维护党中央权威和集中统一领导的各项制度？

推动全党增强“四个意识”、坚定“四个自信”、做到“两个维护”，自觉在思想上政治上行动上同以习近平同志为核心的党中央保持高度一致，坚决把维护习近平总书记党中央的核心、全党的核心地位落到实处。健全党中央对重大工作的领导体制，强化党中央决策议事协调机构职能作用，完善推动党中央重大决策落实机制，严格执行向党中央请示报告制度，确保令行禁止。健全维护党的集中统一的组织制度，形成党的中央组织、地方组织、基层组织上下贯通、执行有力的严密体系，实现党的组织和党的工作全覆盖。

180. 党的十九届四中全会指出如何健全党的全面领导制度？

完善党领导人大、政府、政协、监察机关、审判机关、检察机关、武装力量、人民团体、企事业单位、基层群众自治组织、社会组织等制度，健全各级党委（党组）工作制度，确保党在各种组织中发挥领导作用。完善党领导各项事业的具体制度，把党的领导落实到统筹推进“五位一体”总体布局、协调推进“四个全面”战略布局各方面。完善党和国家机构职能体系，把党的领导贯彻到党和国家所有机构履行职责全过程，推动各方面协调行动、增强合力。

181. 党的十九届四中全会指出如何健全提高党的执政能力和领导水平制度？

坚持民主集中制，完善发展党内民主和实行正确集中的相关制度，提高党把方向、谋大局、定政策、促改革的能力。健全决策机制，加强重大决策的调查研究、科学论证、风险评估，强化决策执行、评估、监督。改进党的领导方式和执政方式，增强各级党组织政治功能和组织力。完善担当作为的激励机制，促进各级领导干部增强学习本领、政治领导本领、改革创新本领、科学发展本领、依法执政本领、群众工作本领、狠抓落实本领、驾驭风险本领，发扬斗争精神，增强斗争本领。

182. 党的建设必须坚决实现的五项基本要求是什么？

（1）坚持党的基本路线。（2）坚持解放思想，实事求是，与时俱进，求真务实。（3）坚持全心全意为人民服务。（4）坚持民主集中制。（5）坚持从严管党治党。

183. 全面从严治党的基本内涵是什么？

全面从严治党，是党的十八大以来管党治党成功经验的总结，是管党治党必须坚持的重要指导方针。全面从严治党，核心是加强党的领导，基础在全面，关键在严，要害在治。“全面”就是管全党、治全党，面向全体党员、党组织，覆盖党的建设各个领域、各个方面、各个部门，重点是抓住“关键少数”。“严”就是真管真严、敢管敢严、长管长严。“治”就是从党中央到地方各级党委，从中央部委、国家机关部门党委（党组）到基层党支部，都要肩负起主体责任，党委书记要把抓好党建当作分内之事、必须担当的职责；各级纪委要担负起监督责任，敢于瞪眼黑脸，勇于执纪问责。

184. 坚持全面从严治党有何重大意义？

（1）坚持全面从严治党，才能实现党为中国人民谋幸福、为中华民族谋复兴的历史使命。（2）坚持全面从严治党，才能紧跟时代脚步，在错综复杂的国内外环境中加强党的领导核心作用和治理能力现代化。（3）坚持全面从严治党，才能解决现实工作中的矛盾和问题，增强党的形象和威望、党的创造力凝聚力战斗力，保持党同人民群众的血肉联系，不断巩固党的执政基础和执政地位，使我们党永远立于不败之地。（4）坚持全面从严治党，才能解决党内存在的思想不纯、组织不纯、作风不纯等深层次矛盾和问题。

185. 党的十九届四中全会指出如何完善全面从严治党制度？

坚持党要管党、全面从严治党，增强忧患意识，不断推进党的自我革命，永葆党的先进性和纯洁性。贯彻新时代党的建设总要求，深化党的建设制度改革，坚持依规治党，建立健全以党的政治建设为统领，全面推进党的各方面建设的体制机制。坚持新时代党的组织路线，健全党管干部、选贤任能制度。规范党内政治生活，严明政治纪律和政治规矩，发展积极健康的党内政治文化，全面净化党内政治生态。完善和落实全面从严治党责任制度。坚决同一切影响党的先进性、弱化党的纯洁性的问题作斗争，大力纠治形式主义、官僚主义，不断增强党的创造力、凝聚力、战斗力，确保党始终成为中国特色社会主义事业的坚强领导核心。

186. 党的政治建设基本内涵是什么？

旗帜鲜明讲政治是我们党作为马克思主义政党的根本要求。党的政治建设是党的根本性建设，决定党的建设方向和效果，事关统揽推进伟大斗争、伟大工程、伟大事业、伟大梦想。新时代党的政治建设目的是坚定政治信仰，强化政治领导，提高政治能力，净化政治生态，实现全党团结统一、行动一致。新时代党的政治建设首要任务是坚决维护习近平总书记党中央的核心、全党的核心地位，坚决维护党中央权威和集中统一领导。

187. 如何坚持党的政治领导？

党是最高政治领导力量，党的领导是中国特色社会主义最本质的特征，是中国特色社会主义制度的最大优势。加强党的政治建设，必须坚持和加强党的全面领导，完善党的领导体制，改进党的领导方式，承担起执政兴国的政治责任。（1）坚决做到“两个维护”。坚决维护党中央权威和集中统一领导；坚决维护党中央权威和集中统一领导，最关键的是坚决维护习近平总书记党中央的核心、全党的核心地位。（2）完善党的领导体制。健全党中央集中统一领导重大工作的体制机制，完善地方党委、党组、党的工作机关实施党的领导的体制机制，建立健全国有企业党委（党组）和农村、事业单位、街道社区等的基层党组织发挥领导作用的制度规定。（3）改进党的领导方式。坚持民主集中制这一根本领导制度，善于运用民主的办法汇集意见、科学决策；坚持群众路线这一基本领导方法，把党的主张变为群众自觉行动；坚持依法执政这一基本领导方式，善于使党的主张通过法定程序成为国家意志、转化为法律法规，自觉把党的领导活动纳入制度轨道。

188. 党的基础建设是什么？

思想建设。

189. 党的思想建设的基本内涵是什么？

党的思想建设，是指党为保持创造力、凝聚力和战斗力而在思想理论方面所进行的一系列工作。思想建设是党的基础性建设，主要任务就是强化马克思主义理论武装，对党员进行党的基本理论、基本路线、基本方略的教育，保持全党在思想上政治上行动上的高度一致，保持党的先进性、纯洁性。

190. 党的思想建设的首要任务和目标是什么？

坚定理想信念是党的思想建设的首要任务。其目标是教育引导全党牢记党的宗旨，挺起共产党人的精神脊梁，解决好世界观、人生观、价值观这个“总开关”问题，自觉做共产主义远大理想和中国特色社会主义共同理想的坚定信仰者和忠实实践者。

191. 怎样加强党的思想建设？

（1）要把坚定理想信念作为党的思想建设的首要任务。（2）要抓好思想理论建设这个根本，教育引导党员、干部矢志不渝为中国特色社会主义共同理想而奋斗。（3）要推动党内教育从“关键少数”向广大党员拓展，从集中性教育向经常性教育延伸。（4）要高度重视理论建设和理论指导，理论必须同实践相统一。

192. 好干部的标准是什么？

信念坚定、为民服务、勤政务实、敢于担当、清正廉洁。这也是新时代干部的行为准则和奋斗方向。

193. 怎样加强党的干部队伍建设？

（1）要坚持党管干部原则，坚持德才兼备、以德为先，坚持五湖四海、任人唯贤，坚持事业为上、公道正派，把好干部标准落到实处。（2）坚持正确选人用人导向，匡正选人用人风气，突出政治标准，提拔重用牢固树立“四个意识”和“四个自信”、坚决维护党中央权威、全面贯彻执行党的理论和路线方针政策、忠诚干净担当的干部，选优配强各级领导班子。（3）注重培养专业能力、专业精神，增强干部队伍适应新时代中国特色社会主义发展要求的能力。（4）大力发现储备年轻干部，注重在基层一线和困难艰苦的地方培养锻炼年轻干部，源源不断选拔使用经过实践考验的优秀年轻干部。（5）统筹做好培养选拔女干部、少数民族干部和党外干部工作。（6）认真做好离退休干部工作。（7）坚持严管和厚爱结合、激励和约束并重，完善干部考核评价机制，建立激励机制和容错纠错机制，旗帜鲜明地为那些敢于担当、踏实做事、不谋私利的干部撑腰鼓劲。(8) 各级党组织要关心爱护基层干部，主动为他们排忧解难。

194. 怎样用铁的纪律管党治党？

（1）强化纪律意识，把严明政治纪律和政治规矩摆在首位，让党员干部知敬畏、存戒惧、守底线，努力使党的纪律真正成为全党同志共同遵守的行为准则。（2）不断加强纪律建设，坚持思想教育，提高纪律自觉，坚持抓早抓小，力求防微杜渐，坚持违纪必究、执纪必严的原则，让党员、干部习惯在受监督和约束的环境中工作生活。（3）运用监督执纪“四种形态”，把监督执纪问责做深做细做实，经常开展批评和自我批评，让“红红脸、出出汗”成为常态。

195. 党的十九届四中全会指出如何构建一体推进不敢腐、不能腐、不想腐体制机制？

坚定不移推进反腐败斗争，坚决查处政治问题和经济问题交织的腐败案件，坚决斩断“围猎”和甘于被“围猎”的利益链，坚决破除权钱交易的关系网。深化标本兼治，推动审批监管、执法司法、工程建设、资源开发、金融信贷、公共资源交易、公共财政支出等重点领域监督机制改革和制度建设，推进反腐败国家立法，促进反腐败国际合作，加强思想道德和党纪国法教育，巩固和发展反腐败斗争压倒性胜利。

196. 党的十九届四中全会指出如何把提高治理能力作为新时代干部队伍建设的重大任务？

通过加强思想淬炼、政治历练、实践锻炼、专业训练，推动广大干部严格按照制度履行职责、行使权力、开展工作，提高推进“五位一体”总体布局和“四个全面”战略布局等各项工作能力和水平。坚持党管干部原则，落实好干部标准，树立正确用人导向，把制度执行力和治理能力作为干部选拔任用、考核评价的重要依据。尊重知识、尊重人才，加快人才制度和政策创新，支持各类人才为推进国家治理体系和治理能力现代化贡献智慧和力量。

197. 党的制度建设的基本内涵是什么？

党的制度建设就是把长期以来党的领导工作和党内生活中的经验教训加以概括总结，形成全体党员必须共同遵守的党内法规、条例、规则等党的制度，并狠抓贯彻落实。

198. 为什么制度建设是全面从严治党的重要保障？

（1）制度化建设是全面从严治党的关键。党的制度建设的作用在于调节党内关系，指导党内生活，规范领导行为，保证党的事业顺利发展。（2）实现管党治党的目标，就要依赖于制度建设。（3）制度建党是我们党的优良传统，党的制度建设形成了党在实践中的制度优势。（4）健全体制机制，发挥制度的刚性作用，形成长效机制，从根本上铲除“四风”问题存在的土壤和条件。

199. 党支部的工作职责是什么？

党支部是党的基础组织，是党组织开展工作的基本单元，是党在社会基层组织中的战斗堡垒，是党的全部工作和战斗力的基础，担负直接教育党员、管理党员、监督党员和组织群众、宣传群众、凝聚群众、服务群众的职责。

200. 党支部的基本任务是什么？

（1）宣传和贯彻落实党的理论和路线方针政策，宣传和执行党中央、上级党组织及本党支部的决议。讨论决定或者参与决定本地区本部门本单位重要事项，充分发挥党员先锋模范作用，团结组织群众，努力完成本地区本部门本单位所担负的任务。（2）组织党员认真学习马克思列宁主义、毛泽东思想、邓小平理论、“三个代表”重要思想、科学发展观、习近平新时代中国特色社会主义思想，推进“两学一做”学习教育常态化制度化，学习党的路线方针政策和决议，学习党的基本知识，学习科学、文化、法律和业务知识。做好思想政治工作和意识形态工作。（3）对党员进行教育、管理、监督和服务，突出政治教育，提高党员素质，坚定理想信念，增强党性，严格党的组织生活，开展批评和自我批评，维护和执行党的纪律，监督党员切实履行义务，保障党员的权利不受侵犯。加强和改进流动党员管理。关怀帮扶生活困难党员和老党员。做好党费收缴、使用和管理工作。依规稳妥处置不合格党员。（4）密切联系群众，向群众宣传党的政策，经常了解群众对党员、党的工作的批评和意见，了解群众诉求，维护群众的正当权利和利益，做好群众的思想政治工作，凝聚广大群众的智慧和力量。领导本地区本部门本单位工会、共青团、妇女组织等群团组织，支持它们依照各自章程独立负责地开展工作。（5）对要求入党的积极分子进行教育和培养，做好经常性的发展党员工作，把政治标准放在首位，严格程序、严肃纪律，发展政治品质纯洁的党员。发现、培养和推荐党员、群众中间的优秀人才。（6）监督党员干部和其他任何工作人员严格遵守国家法律法规，严格遵守国家的财政经济法规和人事制度，不得侵占国家、集体和群众的利益。（7）实事求是对党的建设、党的工作提出意见建议，及时向上级党组织报告重要情况。教育党员、群众自觉抵制不良倾向，坚决同各种违纪违法行为作斗争。（8）按照规定，向党员、群众通报党的工作情况，公开党内有关事务。

201. 党支部的工作原则是什么？

（1）坚持以马克思列宁主义、毛泽东思想、邓小平理论、“三个代表”重要思想、科学发展观、习近平新时代中国特色社会主义思想为指导，遵守党章，加强思想理论武装，坚定理想信念，不忘初心、牢记使命，始终保持先进性和纯洁性。（2）坚持把党的政治建设摆在首位，牢固树立“四个意识”，坚定“四个自信”，做到“四个服从”，旗帜鲜明讲政治，坚决维护习近平总书记党中央的核心、全党的核心地位，坚决维护党中央权威和集中统一领导。（3）坚持践行党的宗旨和群众路线，组织引领党员、群众听党话、跟党走，成为党员、群众的主心骨。（4）坚持民主集中制，发扬党内民主，尊重党员主体地位，严肃党的纪律，提高解决自身问题的能力，增强生机活力。（5）坚持围绕中心、服务大局，充分发挥积极性主动性创造性，确保党的路线方针政策和决策部署贯彻落实。

202. 党支部是如何设置的?

党支部设置一般以单位、区域为主，以单独组建为主要方式。企业、农村、机关、学校、科研院所、社区、社会组织、人民解放军和武警部队连（中）队以及其他基层单位，凡是有正式党员 3 人以上的，都应当成立党支部。党支部党员人数一般不超过 50 人。

203. 党支部设置的创新要求是什么?

（1）结合实际创新党支部设置形式，使党的组织和党的工作全覆盖。（2）规模较大、跨区域的农民专业合作组织，专业市场、商业街区、商务楼宇等，符合条件的，应当成立党支部。（3）正式党员不足 3 人的单位，应当按照地域相邻、行业相近、规模适当、便于管理的原则，成立联合党支部。联合党支部覆盖单位一般不超过 5 个。（4）为期 6 个月以上的工程、工作项目等，符合条件的，应当成立党支部。（5）流动党员较多，工作地或者居住地相对固定集中，应当由流出地党组织向流入地党组织，依托园区、商会、行业协会、驻外地办事机构等成立流动党员党支部。

204. 党支部是如何调整或撤销的?

对因党员人数或者所在单位、区域等发生变化，不再符合设立条件的党支部，上级党组织应当及时予以调整或者撤销。党支部的调整和撤销，一般由党支部报所在乡镇（街道）或者单位基层党委批准，也可以由所在乡镇（街道）或者单位基层党委直接作出决定，并报上级党委组织部门备案。

205. 党支部党员大会的性质、职权、规则是什么?

党支部党员大会是党支部的议事决策机构，由全体党员参加，一般每季度召开 1 次。党支部党员大会的职权是：听取和审查党支部委员会的工作报告；按照规定开展党支部选举工作，推荐出席上级党代表大会的代表候选人，选举出席上级党代表大会的代表；讨论和表决接收预备党员和预备党员转正、延长预备期或者取消预备党员资格；讨论决定对党员的表彰表扬、组织处置和纪律处分；决定其他重要事项。村、社区重要事项以及与群众利益密切相关的事项，必须经过党支部党员大会讨论。党支部党员大会议题提交表决前，应当经过充分讨论。表决必须有半数以上有表决权的党员到会方可进行，赞成人数超过应到会有表决权的党员的半数为通过。

206. 党小组的划分、任务、规则是什么?

党员人数较多或者党员工作地、居住地比较分散的党支部，按照便于组织开展活动原则，应当划分若干党小组，并设立党小组组长。党小组组长由党支部指定，也可以由所在党小组党员推荐产生。党小组主要落实党支部工作要求，完成党支部安排的任务。党小组会一般每月召开 1 次，组织党员参加政治学习、谈心谈话、开展批评和自我批评等。

207. 党支部的组织生活会该如何进行?

党支部每年至少召开 1 次组织生活会，一般安排在第四季度，也可以根据工作需要随时召开。组织生活会一般以党支部党员大会、党支部委员会会议或者党小组会形式召开。组织生活会应当确定主题，会前认真学习，谈心谈话，听取意见；会上查摆问题，开展批评和自我批评，明确整改方向；会后制定整改措施，逐一整改落实。

208. 党支部的民主评议会该如何进行?

党支部一般每年开展 1 次民主评议党员，组织党员对照合格党员标准、对照入党誓词，联系个人实际进行党性分析。党支部召开党员大会，按照个人自评、党员互评、民主测评的程序，组织党员进行评议。党员人数较多的党支部，个人自评和党员互评可以在党小组范围内进行。党支部委员会会议或者党员大会根据评议情况和党员日常表现情况，提出评定意见。民主评议党员可以结合组织生活会一并进行。

209. 党支部内部的谈心谈话该如何进行?

党支部应当经常开展谈心谈话。党支部委员之间、党支部委员和党员之间、党员和党员之间，每年谈心谈话一般不少于 1 次。谈心谈话应当坦诚相见、交流思想、交换意见、帮助提高。党支部应当注重分析党员思想状况和心理状态。对家庭发生重大变故和出现重大困难、身心健康存在突出问题等情况的党员，党支部书记应当帮助做好心理疏导；对受到处分处置以及有不良反映的党员，党支部书记应当有针对性地做好思想政治工作。

210.《中国共产党支部工作条例（试行）》的主要内容有哪些？

（1）明确了党支部的功能定位，规定党支部是党的基础组织、党的组织体系的基本单元、党在社会基层组织中的战斗堡垒、党的全部工作和战斗力的基础，并提出党支部工作必须遵循的原则。（2）规范了党支部的设置，明确党支部设立范围、条件和程序，对结合实际创新党支部设置形式作出规定。（3）提出了党支部的基本任务和不同领域党支部的重点任务，强调村和社区党支部要全面领导隶属本村、本社区的各类组织和各项工作。（4）完善了党支部的工作机制，对党员大会、党支部委员会和党小组的职责和运行方式等作出规范。（5）规定了党支部组织生活，对“三会一课”和主题党日、组织生活会、民主评议党员、谈心谈话等细化内容和程序。（6）强调了加强党支部委员会建设，规范党支部委员会组成、任期和选举，提出党支部书记任职条件和选拔渠道等。（7）压实了党支部工作的领导指导责任，明确为党支部开展工作给予经费保障。

211. 党支部委员会任期、选举、换届有哪些要求？

村、社区党支部委员会每届任期 5 年，其他基层单位党支部委员会一般每届任期 3 年。党支部委员会由党支部党员大会选举产生，党支部书记、副书记一般由党支部委员会会议选举产生，不设委员会的党支部书记、副书记由党支部党员大会选举产生。选出的党支部委员，报上级党组织备案；党支部书记、副书记，报上级党组织批准。党支部书记、副书记、委员出现空缺，应当及时进行补选。确有必要时，上级党组织可以指派党支部书记或者副书记。建立健全党支部按期换届提醒督促机制。根据党组织隶属关系和干部管理权限，上级党组织对任期届满的党支部，一般提前 6 个月以发函或者电话通知等形式，提醒做好换届准备。对需要延期或者提前换届的，应当认真审核、从严把关，延长或者提前期限一般不超过 1 年。

212. 临时党支部组建、撤销及工作任务是什么？

为执行某项任务临时组建的机构，党员组织关系不转接的，经上级党组织批准，可以成立临时党支部。临时党支部主要组织党员开展政治学习，教育、管理、监督党员，对入党积极分子进行教育培养等，一般不发展党员、处分处置党员，不收缴党费，不选举党代表大会代表和进行换届。临时党支部书记、副书记和委员由批准其成立的党组织指定。临时组建的机构撤销后，临时党支部自然撤销。

213. 党支部按其不同领域划分为哪些类别？

《中国共产党支部工作条例（试行）》将不同领域党支部划分为 10 类:（1）村党支部。（2）社区党支部。（3）国有企业和集体企业中的党支部。（4）高校中的党支部。（5）非公有制经济组织中的党支部。（6）社会组织中的党支部。（7）事业单位中的党支部。（8）各级党和国家机关中的党支部。（9）流动党员党支部。（10）离退休干部职工党支部。

214. 新时代如何全面提高党支部建设质量?

（1）深入学习《中国共产党支部工作条例（试行）》，坚持把党的政治建设摆在首位，牢固树立“四个意识”，坚定“四个自信”，做到“四个服从”，旗帜鲜明讲政治，坚决维护习近平总书记党中央的核心、全党的核心地位，坚决维护党中央权威和集中统一领导。（2）发挥基层党支部职责作用。《中国共产党支部工作条例（试行）》明确规定了党支部担负直接教育党员、管理党员、监督党员和组织群众、宣传群众、凝聚群众、服务群众的职责。党支部要积极履职，发挥好带动和引领作用。（3）要既抓党建又抓业务，让党建工作与业务工作相辅相成、相互促进。

215. 党员廉洁自律规范和党员领导干部廉洁自律规范的主要内容是什么?

党员廉洁自律规范:（1）坚持公私分明，先公后私，克己奉公。（2）坚持崇廉拒腐，清白做人，干净做事。（3）坚持尚俭戒奢，艰苦朴素，勤俭节约。（4）坚持吃苦在前，享受在后，甘于奉献。

党员领导干部廉洁自律规范:（1）廉洁从政，自觉保持人民公仆本色。（2）廉洁用权，自觉维护人民根本利益。（3）廉洁修身，自觉提升思想道德境界。（4）廉洁齐家，自觉带头树立良好家风。

216. 党内监督工作由谁来全面领导？

根据《中国共产党党内监督条例》的规定，党的中央委员会、中央政治局、中央政治局常务委员会全面领导党内监督工作。

217. 党内监督体系具体指什么？

（1）党的中央组织监督。党的中央委员会、中央政治局、中央政治局常务委员会全面领导党内监督工作。（2）党委（党组）全面监督。党委（党组）在党内监督中负主体责任，书记是第一责任人，党委常委会委员（党组成员）和党委委员在职责范围内履行监督职责。（3）纪律检查机关专责监督。党的各级纪律检查委员会是党内监督的专责机关，履行监督执纪问责职责。（4）党的工作部门职能监督。党的宣传、组织、人事等工作部门负责职能监督。（5）党的基层组织日常监督。（6）党员民主监督。党员行使监督权利，履行监督义务。

218. 党内监督的主要内容是什么？

党内监督的主要内容有:（1）遵守党章党规，坚定理想信念，践行党的宗旨，模范遵守宪法法律情况。（2）维护党中央集中统一领导，牢固树立政治意识、大局意识、核心意识、看齐意识，贯彻落实党的理论和路线方针政策，确保全党令行禁止情况。（3）坚持民主集中制，严肃党内政治生活，贯彻党员个人服从党的组织，少数服从多数，下级组织服从上级组织，全党各个组织和全体党员服从党的全国代表大会和中央委员会原则情况。（4）落实全面从严治党责任，严明党的纪律特别是政治纪律和政治规矩，推进党风廉政建设和反腐败工作情况。（5）落实中央八项规定精神，加强作风建设，密切联系群众，巩固党的执政基础情况。（6）坚持党的干部标准，树立正确选人用人导向，执行干部选拔任用工作规定情况。（7）廉洁自律、秉公用权情况。（8）完成党中央和上级党组织部署的任务情况。

219. 党的十九大提出的基层党组织建设的目标是什么？

要以提升组织力为重点，突出政治功能，把企业、农村、机关、学校、科研院所、街道社区、社会组织等基层党组织建设成为宣传党的主张、贯彻党的决定、领导基层治理、团结动员群众、推动改革发展的坚强战斗堡垒。

220. 党的十九大提出的基层党组织建设的基本任务是什么？

党的基层组织是党在社会基层组织中的战斗堡垒，是党的全部工作和战斗力的基础。它的基本任务是:（1）宣传和执行党的路线、方针、政策，宣传和执行党中央、上级组织和本组织的决议，充分发挥党员的先锋模范作用，积极创先争优，团结、组织党内外的干部和群众，努力完成本单位所担负的任务。（2）组织党员认真学习马克思列宁主义、毛泽东思想、邓小平理论、“三个代表”重要思想、科学发展观、习近平新时代中国特色社会主义思想，推进“两学一做”学习教育常态化制度化，学习党的路线、方针、政策和决议，学习党的基本知识，学习科学、文化、法律和业务知识。（3）对党员进行教育、管理、监督和服务，提高党员素质，坚定理想信念，增强党性，严格党的组织生活，开展批评和自我批评，维护和执行党的纪律，监督党员切实履行义务，保障党员的权利不受侵犯。加强和改进流动党员管理。（4）密切联系群众，经常了解群众对党员、党的工作的批评和意见，维护群众的正当权利和利益，做好群众的思想政治工作。（5）充分发挥党员和群众的积极性创造性，发现、培养和推荐他们中间的优秀人才，鼓励和支持他们在改革开放和社会主义现代化建设中贡献自己的聪明才智。（6）对要求入党的积极分子进行教育和培养，做好经常性的发展党员工作，重视在生产、工作第一线和青年中发展党员。（7）监督党员干部和其他任何工作人员严格遵守国家法律法规，严格遵守国家的财政经济法规和人事制度，不得侵占国家、集体和群众的利益。（8）教育党员和群众自觉抵制不良倾向，坚决同各种违纪违法行为作斗争。

221. 党的十九大党章修正案增写坚持创新、协调、绿色、开放、共享的发展理念的内容，有何重大意义？

（1）把新发展理念写进党章，有利于全党更加深刻地认识新发展理念是关系我国发展全局的一场深刻变革。有利于全党进一步统一发展的思想和行动，崇尚创新、注重协调、倡导绿色、厚植开放、推进共享。（2）把新发展理念写进党章，有利于全党更加精准地把握新发展理念的科学内涵和实践要求，增进全党对新发展理念统一性、全面性的把握。（3）把新发展理念写进党章，有利于全党更加主动地以新发展理念引领新的发展实践，不断开创我国发展新局面。

222. 为什么党的十九大党章修正案增写坚持以人民为中心的发展思想的内容？

（1）进一步彰显我们党是不忘初心、牢记使命，全心全意为人民服务的马克思主义政党。（2）进一步深化了以新发展理念引领和推动新发展的伟大实践。（3）进一步坚定了新时代中国特色社会主义朝着全体人民共同富裕的目标迈进的信心和决心，使发展成果能够更多更公平地惠及全体人民。

223. 党章把党的纪律划分为哪几个方面？

党的纪律主要包括政治纪律、组织纪律、廉洁纪律、群众纪律、工作纪律、生活纪律。

224. 党章对党员的纪律处分有哪几种？

对党员的纪律处分有五种：警告、严重警告、撤销党内职务、留党察看、开除党籍。留党察看最长不超过两年。党员在留党察看期间没有表决权、选举权和被选举权。党员经过留党察看，确已改正错误的，应当恢复其党员的权利。坚持错误不改的，应当开除党籍。开除党籍是党内的最高处分。

225. 党的纪律处分工作应当坚持的原则有哪些？

（1）坚持党要管党、全面从严治党。加强对党的各级组织和全体党员的教育、管理和监督，把纪律挺在前面，注重抓早抓小、防微杜渐。（2）党纪面前一律平等。对违反党纪的党组织和党员必须严肃、公正执行纪律，党内不允许有任何不受纪律约束的党组织和党员。（3）实事求是。对党组织和党员违反党纪的行为，应当以事实为依据，以党章、其他党内法规和国家法律法规为准绳，准确认定违纪性质，区别不同情况，恰当予以处理。（4）民主集中制。实施党纪处分，应当按照规定程序经党组织集体讨论决定，不允许任何个人或者少数人擅自决定和批准。上级党组织对违反党纪的党组织和党员作出的处理决定，下级党组织必须执行。（5）惩前毖后、治病救人。处理违反党纪的党组织和党员，应当实行惩戒与教育相结合，做到宽严相济。

226. 党的生活纪律有哪些主要规定？

2018 年修订的《中国共产党纪律处分条例》第 11 章将下列行为认定为违反党的生活纪律：生活奢靡、贪图享乐、追求低级趣味，造成不良影响的；与他人发生不正当性关系，造成不良影响的；党员领导干部不重视家风建设，对配偶、子女及其配偶失管失教，造成不良影响或者严重后果的；违背社会公序良俗，在公共场所有不当行为，造成不良影响的；有其他严重违反社会公德、家庭美德行为的。

227. 为什么要建设基层服务型党组织？

（1）贯彻落实党要管党、从严治党方针的必然要求。建设基层服务型党组织，解决基层组织突出问题，必将极大增强基层党组织的创造力凝聚力战斗力。（2）推进国家治理体系和治理能力现代化的重大举措。建设基层服务型党组织，推进基层社会治理创新，提高基层党建科学化水平。(3)建设学习型、服务型、创新型马克思主义执政党的基础工程。建设基层服务型党组织，把学习、服务、创新有机统一于基层党组织建设全过程，为实现党的建设目标奠定了坚实基础。(4)保持党同人民群众的血肉联系、巩固党的执政基础的客观需要。加强基层服务型党组织建设，能够进一步密切党群干群关系，使巩固党的执政基础和执政地位具有广泛、深厚、可靠的群众基础。

228. 怎样把握基层服务型党组织建设的内涵？

建设基层服务型党组织，核心是服务。基层党组织要紧扣“服务改革、服务发展、服务民生、服务群众、服务党员”开展工作。建设基层服务型党组织，根本是服务群众。要把服务群众放在首位，把服务群众落到实处。衡量一个基层党组织是否是服务型，根本要看服务群众、做群众工作的效果如何，群众满意不满意。

229. 党风廉政建设和反腐败斗争中的“五个必须”基本内涵是什么？

(1)必须维护党中央权威，决不允许背离党中央要求另搞一套，必须在思想上政治上行动上同党中央保持高度一致，听从党中央指挥，不得阳奉阴违、自行其是，不得对党中央的大政方针说三道四，不得公开发表同中央精神相违背的言论。(2)必须维护党的团结，决不允许在党内培植私人势力，要坚持五湖四海，团结一切忠实于党的同志，团结大多数，不得以人划线，不得搞任何形式的派别活动。(3)必须遵循组织程序，决不允许擅作主张、我行我素，重大问题该请示的请示，该汇报的汇报，不允许超越权限办事，不能先斩后奏。（4）必须服从组织决定，决不允许搞非组织活动，不得跟组织讨价还价，不得违背组织决定，遇到问题要找组织、依靠组织，不得欺骗组织、对抗组织。（5）必须管好亲属和身边工作人员，决不允许他们擅权干政、谋取私利，不得纵容他们影响政策制定和人事安排、干预日常工作运行，不得默许他们利用特殊身份谋取非法利益。

230. 党内法规制定工作应当遵循的原则有哪些？

（1）坚持正确政治方向，增强“四个意识”、坚定“四个自信”、做到“两个维护”。（2）坚持从党的事业发展需要和全面从严治党实际出发。（3）坚持以党章为根本，贯彻党的基本理论、基本路线、基本方略。（4）坚持民主集中制，充分发扬党内民主，维护党的集中统一。（5）坚持党必须在宪法和法律的范围内活动，注重党内法规同国家法律衔接和协调。（6）坚持便利管用，防止烦琐重复。

231. 机构编制工作必须遵循的原则有哪些？

（1）坚持党管机构编制。坚持党对机构编制工作的集中统一领导，坚决维护习近平总书记党中央的核心、全党的核心地位，坚决维护党中央权威和集中统一领导，坚持民主集中制，把加强党的领导贯彻到机构编制工作的各方面和全过程，完善保证党的全面领导，始终总揽全局、协调各方的制度安排，有效实施党中央方针政策。（2）坚持优化协同高效。适应新时代新形势新要求，力求科学合理、权责一致，科学审慎设置党和国家机构，统筹谋划好党和国家机构职能体系建设；力求有统有分、有主有次，理顺党的领导体系和政府治理体系、武装力量体系、群团工作体系之间的领导指挥关系，明确其他各个体系的职责定位，完善党和国家机构布局；力求履职到位、流程通畅，统筹干部和机构编制资源，提高各类组织机构贯彻落实党的决策部署的效率，构建运行顺畅、充满活力、令行禁止的工作体系。（3）坚持机构编制刚性约束。贯彻编制就是法制的要求，机构编制一经确定必须严格执行，录（聘）用人员、配备干部、核拨人员经费等应当以机构编制为基本依据。用法治思维和法治方式维护机构编制的权威性和严肃性，切实把机构编制工作纳入法治化轨道。加快完善机构编制党内法规和国家法律法规并有效实施，依据国家法律法规有关规定履行法定程序。（4）坚持机构编制瘦身与健身相结合。适应经济社会发展变化和财政保障能力，管住管好用活机构编制，严控总量、统筹使用，科学增减，不断提升机构编制资源使用效益。妥善处理严控机构编制与满足发展需要之间的关系，围绕中心、服务大局，保障党和国家事业发展，更好满足人民日益增长的美好生活需要。

232. 中央机构编制委员会的主要职责是什么？

（1）贯彻落实党中央对党和国家机构编制工作的集中统一领导。（2）研究提出机构编制工作的方针政策。（3）研究提出党和国家机构改革方案并组织实施；审定省级机构改革方案，指导地方各级机构改革工作。（4）审定中央一级副部级以上各类机构的职能配置、内设机构和人员编制规定。（5）统一管理中央和国家机关各部门的职能配置以及调整工作，统筹协调部门之间、部门与地方之间的职责分工。（6）统一管理中央一级党政机关，中央一级各民主党派机关、群团机关的机构编制工作。审批上述单位厅局级机构设置、人员编制和领导职数，中央和国家机关各部门垂直管理机构、双重领导并以部门领导为主的机构、派驻地方机构、我国驻外机构的机构设置、人员编制和领导职数。（7）审定地方行政编制总额、机构限额和职能配置的重要调整，审批省、自治区、直辖市厅局级行政机构的设置。（8）研究提出事业单位管理体制和机构改革方案，统一管理党中央、国务院直属事业单位以及部门所属事业单位的机构编制工作，审批地方厅局级事业单位的设置，指导协调地方事业单位机构编制工作。（9）推进机构编制法治建设，研究完善党和国家机构编制法规制度。（10）督促检查各地区各部门贯彻党中央关于机构编制工作的方针政策和重要决定，严肃机构编制纪律。

233.《中国共产党机构编制工作条例》对地方机构设置和职能配置有哪些要求？

地方机构设置和职能配置应当保证有效实施党中央方针政策和国家法律法规，涉及党中央集中统一领导和国家法制统一、政令统一、市场统一的机构职能应当同中央基本对应。除中央有明确规定外，地方可以在规定限额内因地制宜设置机构和配置职能，严格规范设置各类派出机构。地方可以在规定权限范围内设置和调整事业单位。

234. 党委（党组）、机构编制委员会应当主要就哪些内容对机构编制议题进行审议？

（1）是否有利于坚持和加强党的全面领导。（2）是否符合党中央有关规定和机构编制党内法规、国家法律法规以及相关政策规定。（3）是否适应经济社会发展需要和财政保障能力，能否有效解决实际问题。（4）是否科学合理，充分考虑了除调整机构编制外的其他解决办法。（5）是否对可能带来的问题和遇到的困难进行客观分析，并做好应对准备。

235. 机构编制工作必须严格执行《中国共产党机构编制工作条例》的各项规定，严禁哪些行为？

（1）在贯彻落实党和国家机构改革和机构编制重大决策部署过程中有令不行、有禁不止，上有政策、下有对策，搞变通、拖延改革或者逾期不执行、不报告。（2）擅自设立、撤销、合并机构或者变更机构名称、规格、性质、职责权限，在限额外设置机构，变相增设机构或者提高机构规格。（3）擅自增加编制种类、突破行政编制总额增加编制、改变编制使用范围、挤占挪用基层编制，擅自超编录（聘）用、调任、转任人员，挤占挪用财政资金、其他资金为超编人员安排经费，以虚报人员等方式占用编制并冒用财政资金。（4）违规审批机构编制、核定领导职数，或者超职数、超规格配备领导干部。（5）伪造、虚报、瞒报、拒报机构编制统计、实名信息和核查数据。（6）实施其他违反机构编制管理规定的行为。

236. 新时代党员干部斗争的大方向是什么？

共产党人的斗争是有方向、有立场、有原则的，大方向就是坚持中国共产党领导和我国社会主义制度不动摇。凡是危害中国共产党领导和我国社会主义制度的各种风险挑战，凡是危害我国主权、安全、发展利益的各种风险挑战，凡是危害我国核心利益和重大原则的各种风险挑战，凡是危害我国人民根本利益的各种风险挑战，凡是危害我国实现“两个一百年”奋斗目标、实现中华民族伟大复兴的各种风险挑战，只要来了，我们就必须进行坚决斗争，而且必须取得斗争胜利。我们的头脑要特别清醒、立场要特别坚定，牢牢把握正确斗争方向，做到在各种重大斗争考验面前“不畏浮云遮望眼”“乱云飞渡仍从容”。

237. 新时代党员干部如何奔着矛盾、风险去挑战？

我们共产党人的斗争，从来都是奔着矛盾问题、风险挑战去的。当前和今后一个时期，我国发展进入各种风险挑战不断积累甚至集中显露的时期，面临的重大斗争不会少，经济、政治、文化、社会、生态文明建设和国防和军队建设、港澳台工作、外交工作、党的建设等方面都有，而且越来越复杂。领导干部要有草摇叶响知鹿过、松风一起知虎来、一叶易色而知天下秋的见微知著能力，对潜在的风险有科学预判，知道风险在哪里，表现形式是什么，发展趋势会怎样，该斗争的就要斗争。

238. 新时代党员干部如何学会在矛盾中斗争？

社会是在矛盾运动中前进的，有矛盾就会有斗争。领导干部不论在哪个岗位、担任什么职务，都要勇于担当、攻坚克难，既当指挥员、又当战斗员，培养和保持顽强的斗争精神、坚韧的斗争意志、高超的斗争本领。我们在工作中遇到的斗争是多方面的，改革发展稳定、内政外交国防、治党治国治军都需要发扬斗争精神、提高斗争本领。全面从严治党、坚持马克思主义在意识形态领域的指导地位、全面深化改革、推进供给侧结构性改革、推动高质量发展、消除金融领域隐患、保障和改善民生、打赢脱贫攻坚战、治理生态环境、应对重大自然灾害、全面依法治国、处理群体性事件、打击黑恶势力、维护国家安全等，都要敢于斗争、善于斗争。领导干部要做敢于斗争、善于斗争的战士。

239. 新时代党员干部如何注重斗争的策略方法？

要注重策略方法，讲求斗争艺术。要抓主要矛盾、抓矛盾的主要方面，坚持有理有利有节，合理选择斗争方式、把握斗争火候，在原则问题上寸步不让，在策略问题上灵活机动。要根据形势需要，把握时、度、效，及时调整斗争策略。要团结一切可以团结的力量，调动一切积极因素，在斗争中争取团结，在斗争中谋求合作，在斗争中争取共赢。

240. 党员领导干部如何练就斗争精神、斗争本领？

斗争精神、斗争本领，不是与生俱来的。领导干部要经受严格的思想淬炼、政治历练、实践锻炼，在复杂严峻的斗争中经风雨、见世面、壮筋骨，真正锻造成为烈火真金。要学懂弄通做实党的创新理论，掌握马克思主义立场观点方法，夯实敢于斗争、善于斗争的思想根基，理论上清醒，政治上才能坚定，斗争起来才有底气、才有力量。要坚持在重大斗争中磨砺，越是困难大、矛盾多的地方，越是形势严峻、情况复杂的时候，越能练胆魄、磨意志、长才干。要主动投身到各种斗争中去，在大是大非面前敢于亮剑，在矛盾冲突面前敢于迎难而上，在危机困难面前敢于挺身而出，在歪风邪气面前敢于坚决斗争。

第四部分

依法治国　依法执政

241. 党的哪次大会首次提出依法治国？

党的十五大审议和通过了《高举邓小平理论伟大旗帜，把建设有中国特色社会主义事业全面推向二十一世纪》的报告，明确提出“依法治国，是党领导人民治理国家的基本方略，是发展社会主义市场经济的客观需要，是社会文明进步的重要标志，是国家长治久安的重要保障”。这是我们党首次提出依法治国。

242. 依法治国是何时被载入宪法的?

1999 年 3 月 15 日，九届全国人大二次会议通过了《中华人民共和国宪法修正案》，将依法治国载入宪法。

243. 党的十八大关于建立中国特色社会主义行政体制目标的要求有哪些?

党的十八大明确提出，行政体制改革是推动上层建筑适应经济基础的必然要求。要按照建立中国特色社会主义行政体制目标，深入推进政企分开、政资分开、政事分开、政社分开，建设职能科学、结构优化、廉洁高效、人民满意的服务型政府。深化行政审批制度改革，继续简政放权，推动政府职能向创造良好发展环境、提供优质公共服务、维护社会公平正义转变。稳步推进大部门制改革，健全部门职责体系。优化行政层级和行政区划设置，有条件的地方可探索省直接管理县（市）改革，深化乡镇行政体制改革。创新行政管理方式，提高政府公信力和执行力，推进政府绩效管理。严格控制机构编制，减少领导职数，降低行政成本。推进事业单位分类改革。完善体制改革协调机制，统筹规划和协调重大改革。

244. 全面依法治国的核心和关键是什么？

全面依法治国的核心是坚持党的领导、人民当家作主、依法治国有机统一，关键在于坚持党领导立法、保证执法、支持司法、带头守法。

245. 实现全面推进依法治国总目标，必须坚持的五项原则是什么？

党的十八届四中全会通过的《中共中央关于全面推进依法治国若干重大问题的决定》，明确提出并阐述了实现全面推进依法治国总目标必须坚持的五项基本原则，即坚持中国共产党的领导、坚持人民主体地位、坚持法律面前人人平等、坚持依法治国和以德治国相结合、坚持从中国实际出发。这五个原则的提出，回答了社会普遍关心的涉及依法治国的许多重大理论和实践问题，是全面推进依法治国的重要遵循。

246. 全面推进依法治国、加快建设社会主义法治国家最根本的保证是什么？

党的领导是全面推进依法治国，加快建设社会主义法治国家最根本的保证。必须加强和改进党对法治工作的领导，把党的领导贯彻到全面推进依法治国全过程。

247. 我国全面推进依法治国的主要任务是什么？

（1）完善以宪法为核心的中国特色社会主义法律体系，加强宪法实施。（2）深入推进依法行政，加快建设法治政府。（3）保证公正司法，提高司法公信力。（4）增强全民法治观念，推进法治社会建设。（5）加强法治工作队伍建设。（6）加强和改进党对全面推进依法治国的领导。

248. 全面推进依法治国的基本要求是什么？

建设中国特色社会主义法治体系，建设社会主义法治国家，必须坚持中国共产党的领导，坚持人民主体地位，坚持法律面前人人平等，坚持依法治国和以德治国相结合，坚持从中国实际出发。

249. 全面推进依法治国的总目标是什么？

建设中国特色社会主义法治体系，建设社会主义法治国家。

250. 根据《中共中央关于全面推进依法治国若干重大问题的决定》的规定，完善社会主义市场经济法律制度应从哪些方面着手？

社会主义市场经济本质上是法治经济。使市场在资源配置中起决定性作用和更好发挥政府作用，必须以保护产权、维护契约、统一市场、平等交换、公平竞争、有效监管为基本导向，完善社会主义市场经济法律制度。健全以公平为核心原则的产权保护制度，加强对各种所有制经济组织和自然人财产权的保护，清理有违公平的法律法规条款。创新适应公有制多种实现形式的产权保护制度，加强对国有、集体资产所有权、经营权和各类企业法人财产权的保护。国家保护企业以法人财产权依法自主经营、自负盈亏，企业有权拒绝任何组织和个人无法律依据的要求。加强企业社会责任立法。完善激励创新的产权制度、知识产权保护制度和促进科技成果转化的体制机制。加强市场法律制度建设，编纂民法典，制定和完善发展规划、投资管理、土地管理、能源和矿产资源、农业、财政税收、金融等方面法律法规，促进商品和要素自由流动、公平交易、平等使用。依法加强和改善宏观调控、市场监管，反对垄断，促进合理竞争，维护公平竞争的市场秩序。加强军民融合深度发展法治保障。

251.《中共中央关于全面推进依法治国若干重大问题的决定》规定，在全面推进依法治国过程中如何加强和改进党的领导?

党的领导是全面推进依法治国、加快建设社会主义法治国家最根本的保证。必须加强和改进党对法治工作的领导，把党的领导贯彻到全面推进依法治国全过程。（1）坚持依法执政。依法执政是依法治国的关键。（2）加强党内法规制度建设。党内法规既是管党治党的重要依据，也是建设社会主义法治国家的有力保障。（3）提高党员干部法治思维和依法办事能力。党员干部是全面推进依法治国的重要组织者、推动者、实践者，要自觉提高运用法治思维和法治方式深化改革、推动发展、化解矛盾、维护稳定能力，高级干部尤其要以身作则、以上率下。（4）推进基层治理法治化。全面推进依法治国，基础在基层，工作重点在基层。发挥基层党组织在全面推进依法治国中的战斗堡垒作用，增强基层干部法治观念、法治为民的意识，提高依法办事能力。（5）深入推进依法治军从严治军。党对军队绝对领导是依法治军的核心和根本要求。紧紧围绕党在新形势下的强军目标，着眼全面加强军队革命化现代化正规化建设，创新发展依法治军理论和实践，构建完善的中国特色军事法治体系，提高国防和军队建设法治化水平。（6）依法保障“一国两制”实践和推进祖国统一。（7）加强涉外法律工作。

252. 《中共中央关于全面推进依法治国若干重大问题的决定》从哪些方面部署了推进依法治国的重大任务？

（1）完善以宪法为核心的中国特色社会主义法律体系，加强宪法实施。（2）深入推进依法行政，加快建设法治政府。（3）保证公正司法，提高司法公信力。（4）增强全民法治观念，推进法治社会建设。（5）加强法治工作队伍建设。（6）加强和改进党对全面推进依法治国的领导。

253. 全面推进依法治国的重大意义是什么？

（1）依法治国，是坚持和发展中国特色社会主义的本质要求和重要保障，是实现国家治理体系和治理能力现代化的必然要求，事关我们党执政兴国，事关人民幸福安康，事关党和国家长治久安。（2）全面建成小康社会、实现中华民族伟大复兴的中国梦，全面深化改革、完善和发展中国特色社会主义制度，提高党的执政能力和执政水平，必须全面推进依法治国。（3）我国正处于社会主义初级阶段，全面建成小康社会进入决定性阶段，改革进入攻坚期和深水区，国际形势复杂多变，我们党面对的改革发展稳定任务之重前所未有、矛盾风险挑战之多前所未有，依法治国在党和国家工作全局中的地位更加突出、作用更加重大。面对新形势新任务，我们党要更好统筹国内国际两个大局，更好维护和运用我国发展的重要战略机遇期，更好统筹社会力量、平衡社会利益、调节社会关系、规范社会行为，使我国社会在深刻变革中既生机勃勃又井然有序，实现经济发展、政治清明、文化昌盛、社会公正、生态良好，实现我国和平发展的战略目标，必须更好发挥法治的引领和规范作用。（4）我们党高度重视法治建设。长期以来，特别是党的十一届三中全会以来，我们党深刻总结我国社会主义法治建设的成功经验和深刻教训，提出为了保障人民民主，必须加强法治，必须使民主制度化、法律化，把依法治国确定为党领导人民治理国家的基本方略，把依法执政确定为党治国理政的基本方式，积极建设社会主义法治，取得历史性成就。目前，中国特色社会主义法律体系已经形成，法治政府建设稳步推进，司法体制不断完善，全社会法治观念明显增强。

254. 全面推进依法治国的指导思想是什么？

全面推进依法治国，必须以马克思列宁主义、毛泽东思想、邓小平理论、“三个代表”重要思想、科学发展观、习近平新时代中国特色社会主义思想为指导。

255. 加强宪法实施和监督的要求是什么？

（1）必须坚持党的领导。我国的宪法实施和监督必须在党的领导下，从中国实际出发，坚持走中国特色社会主义法治道路，坚决维护以习近平同志为核心的党中央的权威和集中统一领导，坚持党领导立法、保证执法、支持司法、带头守法，把党的领导贯彻到依法治国全过程和各方面。（2）必须恪守宪法原则，坚持法律面前人人平等。任何组织和个人都必须在宪法法律范围内活动，都必须依照宪法法律行使权力或权利、履行职责或义务，都不得有超越宪法法律的特权。要维护国家法制统一、尊严、权威，切实保证宪法法律有效实施，绝不允许以言代法、以权压法、逐利违法、徇私枉法。（3）必须强化宪法宣传教育。增强全社会忠于、遵守、维护和运用宪法的意识，树立起对宪法的信仰和敬畏，为全面贯彻实施宪法打牢思想基础。

256. 怎样理解人民代表大会制度是坚持党的领导、人民当家作主、依法治国有机统一的根本政治制度安排？

“人民代表大会制度是坚持党的领导、人民当家作主、依法治国有机统一的根本政治制度安排”这一重要论断，不仅深刻阐述了党的领导与人民当家作主、依法治国的有机统一关系，也深刻揭示了坚持党的领导与完善人民代表大会制度的相互作用，必须把加强党的领导与支持和保证人民通过人民代表大会行使国家权力统一起来。（1）坚持和完善人民代表大会制度，必须毫不动摇坚持中国共产党的领导。（2）坚持中国共产党的领导，必须坚持和完善人民代表大会制度。（3）坚持和完善人民代表大会制度，必须充分发挥人大及其常委会国家权力机关作用。（4）充分发挥人大及其常委会国家权力机关作用，必须健全人大组织制度和工作制度。

257. 党的十九届三中全会提出的深化党和国家机构改革的指导思想是什么？

党的十九届三中全会强调，深化党和国家机构改革必须全面贯彻党的十九大精神，坚持以马克思列宁主义、毛泽东思想、邓小平理论、“三个代表”重要思想、科学发展观、习近平新时代中国特色社会主义思想为指导。

258. 党的十九届三中全会提出的深化党和国家机构改革的原则是什么？

深化党和国家机构改革，必须贯彻坚持党的全面领导、坚持以人民为中心、坚持优化协同高效、坚持全面依法治国的原则。

259. 党的十九届三中全会提出的深化党和国家机构改革的目标是什么？

构建系统完备、科学规范、运行高效的党和国家机构职能体系，形成总揽全局、协调各方的党的领导体系，职责明确、依法行政的政府治理体系，中国特色、世界一流的武装力量体系，联系广泛、服务群众的群团工作体系，推动人大、政府、政协、监察机关、审判机关、检察机关、人民团体、企事业单位、社会组织等在党的统一领导下协调行动、增强合力，全面提高国家治理能力和治理水平。

260. 党的十九届三中全会提出的深化党和国家机构改革的首要任务是什么？

完善坚持党的全面领导的制度，加强党对各领域各方面工作领导，确保党的领导全覆盖，确保党的领导更加坚强有力。要建立健全党对重大工作的领导体制机制，强化党的组织在同级组织中的领导地位，更好发挥党的职能部门作用，统筹设置党政机构，推进党的纪律检查体制和国家监察体制改革。

261. 党的十九届三中全会强调，深化党和国家机构改革要以什么为统领？

深化党和国家机构改革要以加强党的全面领导为统领。

262. 党的十九届三中全会强调，深化党和国家机构改革要以什么为导向？

深化党和国家机构改革要以国家治理体系和治理能力现代化为导向。

263. 如何理解深化党和国家机构改革的重大意义？

（1）深化党和国家机构改革是坚持和加强党的全面领导、加强党的长期执政能力建设的必然要求。（2）深化党和国家机构改革是完善和发展中国特色社会主义制度、推进国家治理体系和治理能力现代化的必然要求。（3）深化党和国家机构改革是新时代坚持和发展中国特色社会主义的必然要求。

264. 依据中共中央《深化党和国家机构改革方案》而组建，负责全面依法治国的顶层设计的党中央决策议事协调机构是什么？

中央全面依法治国委员会，负责全面依法治国的顶层设计、总体布局、统筹协调、整体推进、督促落实。

265. 组建中央全面依法治国委员会的原因是什么？中央全面依法治国委员会的主要职责是什么？

全面依法治国是中国特色社会主义的本质要求和重要保障。为加强党中央对法治中国建设的集中统一领导，健全党领导全面依法治国的制度和工作机制，更好落实全面依法治国基本方略，组建中央全面依法治国委员会，负责全面依法治国的顶层设计、总体布局、统筹协调、整体推进、督促落实，作为党中央决策议事协调机构。它的主要职责是：统筹协调全面依法治国工作，坚持依法治国、依法执政、依法行政共同推进，坚持法治国家、法治政府、法治社会一体建设，研究全面依法治国重大事项、重大问题，统筹推进科学立法、严格执法、公正司法、全民守法，协调推进中国特色社会主义法治体系和社会主义法治国家建设等。

266. 什么是科学执政、民主执政、依法执政？

科学执政是马克思主义政党执政成功的前提条件。科学执政，就是坚持以马克思主义的科学理论为指导，不断探索和遵循共产党执政规律、社会主义建设规律、人类社会发展规律，以科学的思想、科学的制度、科学的方式组织和带领人民共同建设中国特色社会主义。民主执政，就是指执政党在执政过程中，要领导和支持人民当家作主，使人民的主人地位得以切实保障，使人民的民主权利得以充分实现，全面实现人民民主，严格依照民主制度和程序来运用权力、管理国家和社会。依法执政，就是指在执政的过程中，要自觉维护宪法和法律在国家政治生活、经济生活和社会生活中的权威，依法确保人民民主，崇尚法治精神、坚持法治原则、遵守法律规范，严格依照宪法和法律的规定来治理国家和管理社会。

267. 科学执政、民主执政、依法执政的核心是什么?

科学执政、民主执政、依法执政，核心是要为人民执好政、掌好权。要把坚持党的领导、人民当家作主和依法治国有机统一起来，不断改革和完善党的领导方式和执政方式，不断提高党的执政能力和领导水平，在为人民治国理政的实践中体现党的先进性、发展党的先进性、永葆党的先进性。

268. 如何坚持科学执政、民主执政、依法执政?

（1）要科学制定和实施党的理论和路线方针政策，科学设计、组织、开展各项执政活动。（2）要牢牢坚持立党为公、执政为民，真正把最广大人民的根本利益作为一切工作的出发点和落脚点，切实做到权为民所用、情为民所系、利为民所谋。（3）要加强党对立法工作的领导，推进科学立法、民主立法，从制度上、法律上保证党的路线方针政策的贯彻实施。

269. 党的十九届四中全会指出如何健全党和国家监督制度？

完善党内监督体系，落实各级党组织监督责任，保障党员监督权利。重点加强对高级干部、各级主要领导干部的监督，完善领导班子内部监督制度，破解对“一把手”监督和同级监督难题。强化政治监督，加强对党的理论和路线方针政策以及重大决策部署贯彻落实情况的监督检查，完善巡视巡察整改、督察落实情况报告制度。深化纪检监察体制改革，加强上级纪委监委对下级纪委监委的领导，推进纪检监察工作规范化、法治化。完善派驻监督体制机制。推进纪律监督、监察监督、派驻监督、巡视监督统筹衔接，健全人大监督、民主监督、行政监督、司法监督、群众监督、舆论监督制度，发挥审计监督、统计监督职能作用。以党内监督为主导，推动各类监督有机贯通、相互协调。

270. 党的十九届四中全会指出如何完善权力配置和运行制约机制？

坚持权责法定，健全分事行权、分岗设权、分级授权、定期轮岗制度，明晰权力边界，规范工作流程，强化权力制约。坚持权责透明，推动用权公开，完善党务、政务、司法和各领域办事公开制度，建立权力运行可查询、可追溯的反馈机制。坚持权责统一，盯紧权力运行各个环节，完善发现问题、纠正偏差、精准问责有效机制，压减权力设租寻租空间。

271. 党的十九届四中全会提出应如何坚持和完善党的领导制度体系，提高党科学执政、民主执政、依法执政水平？

必须坚持党政军民学、东西南北中，党是领导一切的，坚决维护党中央权威，健全总揽全局、协调各方的党的领导制度体系，把党的领导落实到国家治理各领域各方面各环节。要建立不忘初心、牢记使命的制度，完善坚定维护党中央权威和集中统一领导的各项制度，健全党的全面领导制度，健全为人民执政、靠人民执政各项制度，健全提高党的执政能力和领导水平制度，完善全面从严治党制度。

272. 党的十九届四中全会报告提出应如何坚持和完善中国特色社会主义法治体系，提高党依法治国、依法执政能力？

建设中国特色社会主义法治体系、建设社会主义法治国家是坚持和发展中国特色社会主义的内在要求。必须坚定不移走中国特色社会主义法治道路，全面推进依法治国，坚持依法治国、依法执政、依法行政共同推进，坚持法治国家、法治政府、法治社会一体建设。要健全保证宪法全面实施的体制机制，完善立法体制机制，健全社会公平正义法治保障制度，加强对法律实施的监督。

273. 党的十九届四中全会报告提出应如何坚持和完善中国特色社会主义行政体制，构建职责明确、依法行政的政府治理体系？

国家行政管理承担着按照党和国家决策部署推动经济社会发展、

管理社会事务、服务人民群众的重大职责。必须坚持一切行政机关为人民服务、对人民负责、受人民监督，创新行政方式，提高行政效能，建设人民满意的服务型政府。要完善国家行政体制，优化政府职责体系，优化政府组织结构，健全充分发挥中央和地方两个积极性体制机制。

274. 《中共中央关于全面推进依法治国若干重大问题的决定》的起草突出了哪些考虑？

（1）贯彻党的十八大和十八届三中全会精神，贯彻党的十八大以来党中央工作部署，体现全面建成小康社会、全面深化改革、全面推进依法治国这“三个全面”的逻辑联系。（2）围绕中国特色社会主义事业总体布局，体现推进各领域改革发展对提高法治水平的要求，而不是就法治论法治。（3）反映目前法治工作基本格局，从立法、执法、司法、守法 4 个方面作出工作部署。（4）坚持改革方向、问题导向，适应推进国家治理体系和治理能力现代化要求，直面法治建设领域突出问题，回应人民群众期待，力争提出对依法治国具有重要意义的改革举措。（5）立足我国国情，从实际出发，坚持走中国特色社会主义法治道路，既与时俱进、体现时代精神，又不照抄照搬别国模式。

275. 为什么党的十八届四中全会提出建立宪法宣誓制度？

宪法宣誓制度是世界上大多数有成文宪法的国家所采取的一种制度。在 142 个有成文宪法的国家中，规定相关国家公职人员必须宣誓拥护或效忠宪法的有 97 个。关于宪法宣誓的主体、内容、程序，各国做法不尽相同，一般都在有关人员开始履行职务之前或就职时举行宣誓。党的十八届四中全会规定，凡经人大及其常委会选举或者决定任命的国家工作人员正式就职时公开向宪法宣誓。此举有利于彰显宪法权威，增强公职人员宪法观念，激励公职人员忠于和维护宪法，也有利于在全社会增强宪法意识、树立宪法权威。

276. 如何加快建设法治政府？

（1）推进机构、职能、权限、程序、责任法定化，规定行政机关不得法外设定权力，没有法律法规依据不得作出减损公民、法人和其他组织合法权益或者增加其义务的决定；推行政府权力清单制度，坚决消除权力设租寻租空间。（2）建立行政机关内部重大决策合法性审查机制，积极推行政府法律顾问制度，保证法律顾问在制定重大行政决策、推进依法行政中发挥积极作用；建立重大决策终身责任追究制度及责任倒查机制。（3）推进综合执法，理顺城管执法体制，完善执法程序，建立执法全过程记录制度，严格执行重大执法决定法制审核制度，全面落实行政执法责任制。（4）加强对政府内部权力的制约，对财政资金分配使用、国有资产监管、政府投资、政府采购、公共资源转让、公共工程建设等权力集中的部门和岗位实行分事行权、分岗设权、分级授权，定期轮岗，强化内部流程控制，防止权力滥用；完善政府内部层级监督和专门监督；保障依法独立行使审计监督权。（5）全面推进政务公开，推进决策公开、执行公开、管理公开、服务公开、结果公开，重点推进财政预算、公共资源配置、重大建设项目批准和实施、社会公益事业建设等领域的政府信息公开。

277. 党的十八届四中全会在党的十八届三中全会的基础上对保障司法公正作出了哪些更深入的部署?

（1）在确保依法独立公正行使审判权和检察权方面，提出建立领导干部干预司法活动、插手具体案件处理的记录、通报和责任追究制度；健全行政机关依法出庭应诉、支持法院受理行政案件、尊重并执行法院生效裁判的制度；建立健全司法人员履行法定职责保护机制等。（2）在优化司法职权配置方面，提出推动实行审判权和执行权相分离的体制改革试点；统一刑罚执行体制；探索实行法院、检察院司法行政事务管理权和审判权、检察权相分离；变立案审查制为立案登记制等。（3）在保障人民群众参与司法方面，提出完善人民陪审员制度，扩大参审范围；推进审判公开、检务公开、警务公开、狱务公开；建立生效法律文书统一上网和公开查询制度等。此外，党的十八届四中全会还就加强人权司法保障和加强对司法活动的监督提出了重要改革措施。

278. 如何完善以宪法为核心的中国特色社会主义法律体系，加强宪法实施?

（1）健全宪法实施和监督制度。（2）完善立法体制。（3）深入推进科学立法、民主立法。（4）加强重点领域立法。

279. 怎样加强和改进党对全面推进依法治国的领导?

（1）坚持依法执政。依法执政是依法治国的关键。（2）加强党内法规制度建设。党内法规既是管党治党的重要依据，也是建设社会主义法治国家的有力保障。（3）提高党员干部法治思维和依法办事能力。（4）推进基层治理法治化。全面推进依法治国，基础在基层，工作重点在基层。（5）深入推进依法治军从严治军。党对军队绝对领导是依法治军的核心和根本要求。

280. 党的十九大报告中提出的全面增强执政本领包含哪些具体的本领？

增强学习本领、政治领导本领、改革创新本领、科学发展本领、依法执政本领、群众工作本领、狠抓落实本领、驾驭风险本领。

281. 党的十九届四中全会提出如何健全中央依照宪法和基本法对特别行政区行使全面管治权的制度？

完善中央对特别行政区行政长官和主要官员的任免制度和机制、全国人大常委会对基本法的解释制度，依法行使宪法和基本法赋予中央的各项权力。建立健全特别行政区维护国家安全的法律制度和执行机制，支持特别行政区强化执法力量。健全特别行政区行政长官对中央政府负责的制度，支持行政长官和特别行政区政府依法施政。完善香港、澳门融入国家发展大局、同内地优势互补、协同发展机制，推进粤港澳大湾区建设，支持香港、澳门发展经济、改善民生，着力解决影响社会稳定和长远发展的深层次矛盾和问题。加强对香港、澳门社会特别是公职人员和青少年的宪法和基本法教育、国情教育、中国历史和中华文化教育，增强香港、澳门同胞国家意识和爱国精神。坚决防范和遏制外部势力干预港澳事务和进行分裂、颠覆、渗透、破坏活动，确保香港、澳门长治久安。

282. 党的十九届四中全会提出如何健全保证宪法全面实施的体制机制？

依法治国首先要坚持依宪治国，依法执政首先要坚持依宪执政。加强宪法实施和监督，落实宪法解释程序机制，推进合宪性审查工作，加强备案审查制度和能力建设，依法撤销和纠正违宪违法的规范性文件。坚持宪法法律至上，健全法律面前人人平等保障机制，维护国家法制统一、尊严、权威，一切违反宪法法律的行为都必须予以追究。

283. 党的十九届四中全会提出如何完善立法体制机制？

坚持科学立法、民主立法、依法立法，完善党委领导、人大主导、政府依托、各方参与的立法工作格局，立改废释并举，不断提高立法质量和效率。完善以宪法为核心的中国特色社会主义法律体系，加强重要领域立法，加快我国法域外适用的法律体系建设，以良法保障善治。

284. 党的十九届四中全会提出如何健全社会公平正义法治保障制度？

坚持法治建设为了人民、依靠人民，加强人权法治保障，保证人民依法享有广泛的权利和自由、承担应尽的义务，引导全体人民做社会主义法治的忠实崇尚者、自觉遵守者、坚定捍卫者。坚持有法必依、执法必严、违法必究，严格规范公正文明执法，规范执法自由裁量权，加大关系群众切身利益的重点领域执法力度。深化司法体制综合配套改革，完善审判制度、检察制度，全面落实司法责任制，完善律师制度，加强对司法活动的监督，确保司法公正高效权威，努力让人民群众在每一个司法案件中感受到公平正义。

285. 党的十九届四中全会提出如何加强对法律实施的监督？

保证行政权、监察权、审判权、检察权得到依法正确行使，保证公民、法人和其他组织合法权益得到切实保障，坚决排除对执法司法活动的干预。拓展公益诉讼案件范围。加大对严重违法行为处罚力度，实行惩罚性赔偿制度，严格刑事责任追究。加大全民普法工作力度，增强全民法治观念，完善公共法律服务体系，夯实依法治国群众基础。各级党和国家机关以及领导干部要带头尊法学法守法用法，提高运用法治思维和法治方式深化改革、推动发展、化解矛盾、维护稳定、应对风险的能力。

第五部分

公民道德　传统美德

286. 什么是社会主义道德？

社会主义道德是在无产阶级自发形成的朴素的道德基础上，以马克思主义的世界观为指导，由无产阶级自觉培养起来的道德；是以为人民服务为核心，以集体主义为原则，以诚实守信为重点，以社会主义公民基本道德规范和社会主义荣辱观为主要内容，代表无产阶级和广大劳动人民根本利益和长远利益的先进道德体系。

287. 社会主义道德的基本任务是什么？

社会主义道德的基本任务，是处理好国家利益、集体利益和个人利益之间的关系，从而建立并发展平等、团结、友爱、互助的社会主义新型关系。

288. 社会主义道德建设的基本要求包括哪些方面？

爱祖国、爱人民、爱劳动、爱科学、爱社会主义。

289. 为什么道德治理是核心价值观实现的重要途径？

道德治理是政府、社会组织和公民个人携手合作对道德领域突出问题进行克服与消除的活动和过程。道德治理的全面展开和推进，能够扶正祛邪，扬善抑恶，重新焕发我国社会道德的生机，对社会主义核心价值观的践行和价值实现，有着非常重要的意义。

290. 为什么新时代公民道德建设离不开对传统美德的继承和发扬？

中华文明源远流长，孕育了中华民族的宝贵精神品格，培育了中国人民的崇高价值追求。中华传统美德是中华文化精髓，是道德建设的不竭源泉。中华传统美德在长期的发展过程中，形成了以爱国主义为核心的民族精神，铸就了勤劳勇敢、自强不息的思想和观念，成为中华民族生生不息、发展壮大的坚实精神支撑和强大道德力量。

291. 如何在公民道德建设中继承和弘扬中华传统美德？

中华传统美德是中华文化精髓，是道德建设的不竭源泉。要以礼敬自豪的态度对待中华优秀传统文化，充分发掘文化经典、历史遗存、文物古迹承载的丰厚道德资源，弘扬古圣先贤、民族英雄、志士仁人的嘉言懿行，让中华文化基因更好植根于人们的思想意识和道德观念。深入阐发中华优秀传统文化蕴含的讲仁爱、重民本、守诚信、崇正义、尚和合、求大同等思想理念，深入挖掘自强不息、敬业乐群、扶正扬善、扶危济困、见义勇为、孝老爱亲等传统美德，并结合新的时代条件和实践要求继承创新，充分彰显其时代价值和永恒魅力，使之与现代文化、现实生活相融相通，成为全体人民精神生活、道德实践的鲜明标识。

292. 习近平总书记是如何论述中国精神的？

习近平总书记指出，实现“中国梦”必须弘扬中国精神。这就是以爱国主义为核心的民族精神，以改革创新为核心的时代精神。这种精神是凝心聚力的兴国之魂、强国之魂。爱国主义始终是把中华民族坚强团结在一起的精神力量，改革创新始终是鞭策我们在改革开放中与时俱进的精神力量。全国各族人民一定要弘扬伟大的民族精神和时代精神，不断增强团结一心的精神纽带、自强不息的精神动力，永远朝气蓬勃迈向未来。

293. 推动社会主义核心价值观入法入规，必须遵循的原则是什么？

坚持党的领导，坚持价值引领，坚持立法为民，坚持问题导向，坚持统筹推进。

294.《社会主义核心价值观融入法治建设立法修法规划》明确了哪六个方面的任务？

（1）以保护产权、维护契约、统一市场、平等交换、公平竞争等为基本导向，完善社会主义市场经济法律制度。（2）坚持和巩固人民主体地位，推进社会主义民主政治法治化。（3）发挥先进文化育人化人作用，建立健全文化法律制度。（4）着眼人民最关心最直接最现实的利益问题，加快完善民生法律制度。（5）促进人与自然和谐发展，建立严格严密的生态文明法律制度。（6）加强道德领域突出问题专项立法，把一些基本道德要求及时上升为法律规范。

295.《新时代公民道德建设实施纲要》制定的背景是什么？

2001 年颁布《公民道德建设实施纲要》至今已有 10 多年，中国共产党面临的世情、国情、党情发生了很大变化，特别是中国特色社会主义已经进入新时代，对新时代公民道德建设提出了新的更高要求。中国特色社会主义进入新时代，加强公民道德建设、提高全社会道德水平，是全面建成小康社会、全面建设社会主义现代化强国的战略任务，也是适应社会主要矛盾变化、满足人民群众对美好生活向往的迫切需要，更是促进社会全面进步、人的全面发展的必然要求。

296.《新时代公民道德建设实施纲要》的主要内容是什么？

《新时代公民道德建设实施纲要》共有七个部分，主要包括新时代公民道德建设的总体要求、重点任务、深化道德教育引导、推动道德实践养成、抓好网络空间道德建设、发挥制度保障作用、加强组织领导等。

297.《新时代公民道德建设实施纲要》的特点是什么？

（1）体现时代特征。《新时代公民道德建设实施纲要》深入贯彻习近平新时代中国特色社会主义思想和党的十九大精神，在充分体现习近平总书记关于公民道德建设重要论述的基础上，进一步梳理总书记的新思想、新观点、新要求，把涉及有关方面的重要内容和抓落实的内容更加鲜明地体现出来，使新时代特征贯穿《新时代公民道德建设实施纲要》始终。（2）尊重群众实践。《新时代公民道德建设实施纲要》总结了2001年党中央颁布《公民道德建设实施纲要》以来，各地在公民道德建设中的新鲜创造和典型经验，形成了对新时代公民道德建设工作规律的深刻认识和科学把握，突出群众性、实践性、可操作性，设计群众便于参与、乐于参与的渠道载体，为深入开展基层道德建设提供根本遵循。（3）坚持守正创新。《新时代公民道德建设实施纲要》既继承了2001年《公民道德建设实施纲要》的主要内容和载体途径，又立足新时代新形势新任务要求，突出问题导向，着重体现习近平总书记对党员领导干部、青少年和社会公众人物等重要群体和重点领域道德建设的重要论述和具体要求，重点强化了法治保障、网络空间、生态文明、对外交往等方面的内容，既遵循了道德建设规律，又进行了创新创造，增强了道德建设的吸引力感染力。

298. 推进新时代公民道德建设，需要着重在哪些方面下功夫？

推进新时代公民道德建设，需要我们深入学习领会习近平总书记关于道德建设的重要论述，切实增强公民道德建设的责任感使命感，着重在以下方面狠下功夫：（1）聚力培养担当民族复兴大任的时代新人。（2）坚持以社会主义核心价值观为引领。（3）大力夯实基层基础。

299.《新时代公民道德建设实施纲要》在深化道德领域突出问题治理方面有哪些重要部署？

道德建设既要靠教育倡导，也要靠有效治理。《新时代公民道德建设实施纲要》强调，要综合施策、标本兼治，运用经济、法律、技术、行政和社会管理、舆论监督等各种手段，有力惩治失德败德、突破道德底线的行为。要组织开展道德领域突出问题专项治理，不断净化社会文化环境。针对污蔑诋毁英雄、伤害民族感情的恶劣言行，特别是对于损害国家尊严、出卖国家利益的媚外分子，要依法依规严肃惩戒，发挥警示教育作用。针对食品药品安全、产品质量安全、生态环境、社会服务、公共秩序等领域群众反映强烈的突出问题，要逐一进行整治，让败德违法者受到惩治、付出代价。建立惩戒失德行为常态化机制，形成扶正祛邪、惩恶扬善的社会风气。

300. 新时代我国加强公民道德建设的总体要求是什么？

要以习近平新时代中国特色社会主义思想为指导，紧紧围绕进行伟大斗争、建设伟大工程、推进伟大事业、实现伟大梦想，着眼构筑中国精神、中国价值、中国力量，促进全体人民在理想信念、价值理念、道德观念上紧密团结在一起，在全民族牢固树立中国特色社会主义共同理想，在全社会大力弘扬社会主义核心价值观，积极倡导富强民主文明和谐、自由平等公正法治、爱国敬业诚信友善，全面推进社会公德、职业道德、家庭美德、个人品德建设，持续强化教育引导、实践养成、制度保障，不断提升公民道德素质，促进人的全面发展，培养和造就担当民族复兴大任的时代新人。

坚持马克思主义道德观、社会主义道德观，倡导共产主义道德，以为人民服务为核心，以集体主义为原则，以爱祖国、爱人民、爱劳动、爱科学、爱社会主义为基本要求，始终保持公民道德建设的社会主义方向。

坚持以社会主义核心价值观为引领，将国家、社会、个人层面的价值要求贯穿到道德建设各方面，以主流价值建构道德规范、强化道德认同、指引道德实践，引导人们明大德、守公德、严私德。

坚持在继承传统中创新发展，自觉传承中华传统美德，继承我们党领导人民在长期实践中形成的优良传统和革命道德，适应新时代改革开放和社会主义市场经济发展要求，积极推动创造性转化、创新性发展，不断增强道德建设的时代性实效性。

坚持提升道德认知与推动道德实践相结合，尊重人民群众的主体地位，激发人们形成善良的道德意愿、道德情感，培育正确的道德判断和道德责任，提高道德实践能力尤其是自觉实践能力，引导人们向往和追求讲道德、尊道德、守道德的生活。

坚持发挥社会主义法治的促进和保障作用，以法治承载道德理念、鲜明道德导向、弘扬美德义行，把社会主义道德要求体现到立法、执法、司法、守法之中，以法治的力量引导人们向上向善。

坚持积极倡导与有效治理并举，遵循道德建设规律，把先进性要求与广泛性要求结合起来，坚持重在建设、立破并举，发挥榜样示范引领作用，加大突出问题整治力度，树立新风正气、祛除歪风邪气。

要把社会公德、职业道德、家庭美德、个人品德建设作为着力点。推动践行以文明礼貌、助人为乐、爱护公物、保护环境、遵纪守法为主要内容的社会公德，鼓励人们在社会上做一个好公民；推动践行以爱岗敬业、诚实守信、办事公道、热情服务、奉献社会为主要内容的职业道德，鼓励人们在工作中做一个好建设者；推动践行以尊老爱幼、男女平等、夫妻和睦、勤俭持家、邻里互助为主要内容的家庭美德，鼓励人们在家庭里做一个好成员；推动践行以爱国奉献、明礼遵规、勤劳善良、宽厚正直、自强自律为主要内容的个人品德，鼓励人们在日常生活中养成好品行。

301. 新时代我国加强公民道德建设的重点任务是什么？

（1）筑牢理想信念之基。（2）培育和践行社会主义核心价值观。（3）传承中华传统美德。（4）弘扬民族精神和时代精神。

302. 如何以坚定的理想信念筑牢精神之基？

人民有信仰，国家有力量，民族有希望。信仰信念指引人生方向，引领道德追求。要坚持不懈用习近平新时代中国特色社会主义思想武装全党、教育人民，引导人们把握丰富内涵、精神实质、实践要求，打牢信仰信念的思想理论根基。在全社会广泛开展理想信念教育，深化社会主义和共产主义宣传教育，深化中国特色社会主义和中国梦宣传教育，引导人们不断增强道路自信、理论自信、制度自信、文化自信，把共产主义远大理想与中国特色社会主义共同理想统一起来，把实现个人理想融入实现国家富强、民族振兴、人民幸福的伟大梦想之中。

303. 如何传承中华传统美德？

中华传统美德是中华文化精髓，是道德建设的不竭源泉。要以礼敬自豪的态度对待中华优秀传统文化，充分发掘文化经典、历史遗存、文物古迹承载的丰厚道德资源，弘扬古圣先贤、民族英雄、志士仁人的嘉言懿行，让中华文化基因更好地植根于人们的思想意识和道德观念。深入阐发中华优秀传统文化蕴含的讲仁爱、重民本、守诚信、崇正义、尚和合、求大同等思想理念，深入挖掘自强不息、敬业乐群、扶正扬善、扶危济困、见义勇为、孝老爱亲等传统美德，并结合新的时代条件和实践要求继承创新，充分彰显其时代价值和永恒魅力，使之与现代文化、现实生活相融相通，成为全体人民精神生活、道德实践的鲜明标识。

304. 如何弘扬民族精神和时代精神？

以爱国主义为核心的民族精神和以改革创新为核心的时代精神，是中华民族生生不息、发展壮大的坚实精神支撑和强大道德力量。要深化改革开放史、新中国历史、中国共产党历史、中华民族近代史、中华文明史教育，弘扬中国人民伟大创造精神、伟大奋斗精神、伟大团结精神、伟大梦想精神，倡导一切有利于团结统一、爱好和平、勤劳勇敢、自强不息的思想和观念，构筑中华民族共有精神家园。要继承和发扬党领导人民创造的优良传统，传承红色基因，赓续精神谱系。要紧紧围绕全面深化改革开放、深入推进社会主义现代化建设，大力倡导解放思想、实事求是、与时俱进、求真务实的理念，倡导“幸福源自奋斗”“成功在于奉献”“平凡孕育伟大”的理念，弘扬改革开放精神、劳动精神、劳模精神、工匠精神、优秀企业家精神、科学家精神，使全体人民保持昂扬向上、奋发有为的精神状态。

305. 如何用良好家教家风涵育道德品行？

家庭是社会的基本细胞，是道德养成的起点。要弘扬中华民族传统家庭美德，倡导现代家庭文明观念，推动形成爱国爱家、相亲相爱、向上向善、共建共享的社会主义家庭文明新风尚，让美德在家庭中生根、在亲情中升华。通过多种方式，引导广大家庭重言传、重身教，教知识、育品德，以身作则、耳濡目染，用正确道德观念塑造孩子美好心灵；自觉传承中华孝道，感念父母养育之恩、感念长辈关爱之情，养成孝敬父母、尊敬长辈的良好品质；倡导忠诚、责任、亲情、学习、公益的理念，让家庭成员相互影响、共同提高，在为家庭谋幸福、为他人送温暖、为社会作贡献过程中提高精神境界、培育文明风尚。

306. 怎样推动道德实践养成？

（1）广泛开展弘扬时代新风行动。（2）深化群众性创建活动，将社会公德、职业道德、家庭美德、个人品德建设贯穿创建全过程。（3）持续推进诚信建设。（4）深入推进学雷锋志愿服务。（5）广泛开展移风易俗行动。（6）充分发挥礼仪礼节的教化作用。（7）积极践行绿色生产生活方式。（8）在对外交流交往中展示文明素养。

307. 如何广泛开展弘扬时代新风行动？

良好社会风尚是社会文明程度的重要标志，涵育着公民美德善行，推动着社会和谐有序运转。要紧密结合社会发展实际，广泛开展文明出行、文明交通、文明旅游、文明就餐、文明观赛等活动，引导人们自觉遵守社会交往、公共场所中的文明规范。着眼完善社会治理、规范社会秩序，推动街道社区、交通设施、医疗场所、景区景点、文体场馆等的精细管理、规范运营，优化公共空间、提升服务水平，为人们增强公共意识、规则意识创造良好环境。

308. 如何持续推进诚信建设？

诚信是社会和谐的基石和重要特征。要继承和发扬中华民族重信守诺的传统美德，弘扬与社会主义市场经济相适应的诚信理念、诚信文化、契约精神，推动各行业各领域制定诚信公约，加快个人诚信、政务诚信、商务诚信、社会诚信和司法公信建设，构建覆盖全社会的征信体系，健全守信联合激励和失信联合惩戒机制，开展诚信缺失突出问题专项治理，提高全社会诚信水平。重视学术、科研诚信建设，严肃查处违背学术科研诚信要求的行为。深入开展“诚信建设万里行”“诚信兴商宣传月”等活动，评选发布“诚信之星”，宣传推介诚信先进集体，激励人们更好地讲诚实、守信用。

309. 如何广泛开展移风易俗行动？

摒弃陈规陋习、倡导文明新风是道德建设的重要任务。要围绕实施乡村振兴战略，培育文明乡风、淳朴民风，倡导科学文明生活方式，挖掘创新乡土文化，不断焕发乡村文明新气象。充分发挥村规民约、道德评议会、红白理事会等作用，破除铺张浪费、薄养厚葬、人情攀比等不良习俗。要提倡科学精神，普及科学知识，抵制迷信和腐朽落后文化，防范极端宗教思想和非法宗教势力渗透。

310. 如何积极践行绿色生产生活方式？

绿色发展、生态道德是现代文明的重要标志，是美好生活的基础、人民群众的期盼。要推动全社会共建美丽中国，围绕世界地球日、世界环境日、世界森林日、世界水日、世界海洋日和全国节能宣传周等，广泛开展多种形式的主题宣传实践活动，坚持人与自然和谐共生，引导人们树立尊重自然、顺应自然、保护自然的理念，树立绿水青山就是金山银山的理念，增强节约意识、环保意识和生态意识。开展创建节约型机关、绿色家庭、绿色学校、绿色社区、绿色出行和垃圾分类等行动，倡导简约适度、绿色低碳的生活方式，拒绝奢华和浪费，引导人们做生态环境的保护者、建设者。

311. 如何抓好网络空间道德建设？

（1）加强网络内容建设。（2）培养文明自律网络行为。（3）丰富网上道德实践。（4）营造良好的网络道德环境。

312. 如何培养文明自律网络行为？

网上行为主体的文明自律是网络空间道德建设的基础。要建立和完善网络行为规范，明确网络是非观念，培育符合互联网发展规律、体现社会主义精神文明建设要求的网络伦理、网络道德。倡导文明办网，推动互联网企业自觉履行主体责任、主动承担社会责任，依法依规经营，加强网络从业人员教育培训，坚决打击网上有害信息传播行为，依法规范管理传播渠道。倡导文明上网，广泛开展争做中国好网民活动，推进网民网络素养教育，引导广大网民尊德守法、文明互动、理性表达，远离不良网站，防止网络沉迷，自觉维护良好网络秩序。

313. 如何丰富网上道德实践？

互联网为道德实践提供了新的空间、新的载体。要积极培育和引导互联网公益力量，壮大网络公益队伍，形成线上线下踊跃参与公益事业的生动局面。加强网络公益宣传，引导人们随时、随地、随手做公益，推动形成关爱他人、奉献社会的良好风尚。拓展“互联网 + 公益”“互联网 + 慈善”模式，广泛开展形式多样的网络公益、网络慈善活动，激发全社会热心公益、参与慈善的热情。加强网络公益规范化运行和管理，完善相关法规制度，促进网络公益健康有序发展。

314. 如何营造良好网络道德环境？

加强互联网管理，正能量是总要求，管得住是硬道理，用得好是真本事。要严格依法管网治网，加强互联网领域立法执法，强化网络综合治理，加强网络社交平台、各类公众账号等管理，重视个人信息安全，建立完善新技术新应用道德评估制度，维护网络道德秩序。开展网络治理专项行动，加大对网上突出问题的整治力度，清理网络欺诈、造谣、诽谤、谩骂、歧视、色情、低俗等内容，反对网络暴力行为，依法惩治网络违法犯罪，促进网络空间日益清朗。

315. 如何发挥制度对公民道德的保障作用？

（1）强化法律法规保障。（2）彰显公共政策价值导向。（3）发挥社会规范的引导约束作用。（4）深化道德领域突出问题治理。

316. 如何强化公民道德的法律法规保障？

法律是成文的道德，道德是内心的法律。要发挥法治对道德建设的保障和促进作用，把道德导向贯穿法治建设全过程，立法、执法、司法、守法各环节都要体现社会主义道德要求。及时把实践中广泛认同、较为成熟、操作性强的道德要求转化为法律规范，推动社会诚信、见义勇为、志愿服务、勤劳节俭、孝老爱亲、保护生态等方面的立法工作。坚持严格执法，加大关系群众切身利益重点领域的执法力度，以法治的力量维护道德、凝聚人心。坚持公正司法，发挥司法裁判定分止争、惩恶扬善功能，定期发布道德领域典型指导性司法案例，让人们从中感受到公平正义。推进全民守法普法，加强社会主义法治文化建设，营造全社会讲法治、重道德的良好环境，引导人们增强法治意识、坚守道德底线。

317. 如何深化道德领域突出问题治理？

道德建设既要靠教育倡导，也要靠有效治理。要综合施策、标本兼治，运用经济、法律、技术、行政和社会管理、舆论监督等各种手段，有力惩治失德败德、突破道德底线的行为。要组织开展道德领域突出问题专项治理，不断净化社会文化环境。针对污蔑诋毁英雄、伤害民族感情的恶劣言行，特别是对于损害国家尊严、出卖国家利益的媚外分子，要依法依规严肃惩戒，发挥警示教育作用。针对食品药品安全、产品质量安全、生态环境、社会服务、公共秩序等领域群众反映强烈的突出问题，要逐一进行整治，让败德违法者受到惩治、付出代价。建立惩戒失德行为常态化机制，形成扶正祛邪、惩恶扬善的社会风气。

318. 如何加强公民道德建设的组织领导？

加强新时代公民道德建设，是推进中国特色社会主义事业的一项基础性、战略性工程。要坚持和加强党的领导，增强“四个意识”，坚定“四个自信”，做到“两个维护”，确保公民道德建设的正确方向。各级党委和政府要担负起公民道德建设的领导责任，将其摆上重要议事日程，纳入全局工作谋划推进，有机融入经济社会发展各方面。纪检监察机关和组织、统战、政法、网信、经济、外交、教育、科技、卫生健康、交通运输、民政、文化和旅游、民族宗教、农业农村、自然资源、生态环境等党政部门，要紧密结合工作职能，积极履行公民道德建设责任。发挥基层党组织和党员在新时代公民道德建设中的战斗堡垒作用和先锋模范作用。工会、共青团、妇联等群团组织，各民主党派和工商联，要积极发挥自身优势，共同推动公民道德建设。各级文明委和党委宣传部要切实履行指导、协调、组织职能，统筹力量、精心实施、加强督查，抓好工作任务落实。注重分析评估公民道德建设的进展和成效，及时总结推广成功经验和创新做法，加强道德领域重大理论和实践问题研究，推动形成公民道德建设蓬勃开展、深入发展的良好局面。

319.《新时代公民道德建设实施纲要》提倡的社会公德主要内容是什么？

文明礼貌、助人为乐、爱护公物、保护环境、遵纪守法。

320.《新时代公民道德建设实施纲要》提倡的职业道德主要内容是什么？

爱岗敬业、诚实守信、办事公道、热情服务、奉献社会。

321.《新时代公民道德建设实施纲要》提倡的家庭美德主要内容是什么？

尊老爱幼、男女平等、夫妻和睦、勤俭持家、邻里互助。

322.《新时代公民道德建设实施纲要》提倡的个人品德主要内容是什么？

爱国奉献、明礼遵规、勤劳善良、宽厚正直、自强自律。

323. 社会主义核心价值体系的精神内核及其遵循的根本原则是什么?

富强、民主、文明、和谐、自由、平等、公正、法制、爱国、敬业、诚信、友善。

324. 社会主义核心价值体系的基本特征是什么?

（1）民族性与时代性的统一。（2）先进性与广泛性的统一。（3）主导性与包容性的统一。（4）理论性与实践性的统一。

325. 社会主义核心价值体系的精髓是什么?

以爱国主义为核心的民族精神和以改革创新为核心的时代精神。

326. 为什么要坚持社会主义核心价值体系?

（1）坚持社会主义核心价值体系，是巩固全党全国各族人民团结奋斗的共同思想道德基础的迫切需要。（2）坚持社会主义核心价值体系，是推进国家治理体系和治理能力现代化的迫切需要。（3）坚持社会主义核心价值体系，是增强文化自信、提高国家文化软实力的迫切需要。

327. 社会主义核心价值观中属于社会层面的价值目标是什么?

自由、平等、公正、法治。

328. 社会主义核心价值观中属于国家层面的价值目标是什么？

富强、民主、文明、和谐。

329. 社会主义核心价值观中属于个人层面的价值准则是什么？

爱国、敬业、诚信、友善。

330. 社会主义核心价值观的基本原则包括哪些内容？

（1）必须坚持以马克思主义为指导，体现社会主义的本质。（2）必须立足中国特色社会主义伟大实践，符合广大人民群众的期待。（3）必须扎根中华历史文化土壤，传承中国传统价值的精华。（4）必须广泛借鉴世界文明成果，符合人类最美好的价值追求。（5）必须是国家层面、社会层面、制度层面的价值取向，规定着国家和社会发展的基本方向，体现着国家、社会与个体的内在统一。

331. 如何自觉培育和践行社会主义核心价值观？

社会主义核心价值观是当代中国精神的集中体现，是凝聚中国力量的思想道德基础。要持续深化社会主义核心价值观宣传教育，增进认知认同、树立鲜明导向、强化示范带动，引导人们把社会主义核心价值观作为明德修身、立德树人的根本遵循。坚持贯穿结合融入、落细落小落实，把社会主义核心价值观要求融入日常生活，使之成为人们日用而不觉的道德规范和行为准则。坚持德法兼治，以道德滋养法治精神，以法治体现道德理念，全面贯彻实施宪法，推动社会主义核心价值观融入法治建设，将社会主义核心价值观要求全面体现到中国特色社会主义法律体系中，体现到法律法规立改废释、公共政策制定修订、社会治理改进完善中，为弘扬主流价值提供良好的社会环境和制度保障。

332. 培育和践行社会主义核心价值观的重大意义是什么？

（1）培育和践行社会主义核心价值观是新时代坚持和发展中国特色社会主义的重大任务。（2）培育和践行社会主义核心价值观是实现中华民族伟大复兴的中国梦的价值支撑。（3）培育和践行社会主义核心价值观是协调推进“四个全面”战略布局的精神动力。（4）培育和践行社会主义核心价值观是引导大学生进德修业、成长成才的根本指针。（5）培育和践行社会主义核心价值观是在世界文化激荡中保持民族精神独立、挺起民族精神脊梁的战略支撑。

333. 把社会主义核心价值观融入国民教育和精神文明建设的全过程的途径有哪些？

（1）突出党政机关、党员干部以及先进典型的模范带头作用。（2）发挥现代传媒和大众文化在形塑人的观念世界和生活方式方面的作用。（3）发挥现代化教育体系在核心价值观的教育与传播中的主渠道作用。

334.《关于培育和践行社会主义核心价值观的意见》中“四个坚持”是指什么?

（1）坚持以人为本，尊重群众主体地位，关注人们利益诉求和价值愿望，促进人的全面发展。（2）坚持以理想信念为核心，抓住世界观、人生观、价值观这个总开关，在全社会牢固树立中国特色社会主义共同理想，着力铸牢人们的精神支柱。（3）坚持联系实际，区分层次和对象，加强分类指导，找准与人们思想的共鸣点、与群众利益的交汇点，做到贴近性、对象化、接地气。（4）坚持改进创新，善于运用群众喜闻乐见的方式，搭建群众便于参与的平台，开辟群众乐于参与的渠道，积极推进理念创新、手段创新和基层工作创新，增强工作的吸引力感染力。

335. 如何理解社会主义核心价值观和社会主义核心价值体系的关系?

（1）社会主义核心价值观和社会主义核心价值体系，是决定文化性质和方向的最深层次要素，是一个国家的重要稳定器。马克思主义指导思想、中国特色社会主义共同理想、以爱国主义为核心的民族精神和以改革创新为核心的时代精神、社会主义荣辱观构成社会主义核心价值体系的基本内容。富强、民主、文明、和谐、自由、平等、公正、法治、爱国、敬业、诚信、友善，是社会主义核心价值观的内容。社会主义核心价值观体现着社会主义核心价值体系的根本性质和基本特征，反映着社会主义核心价值体系的丰富内涵和实践要求，是社会主义核心价值体系的高度凝练和集中表达，依从于核心价值体系。（2）社会主义核心价值体系和社会主义核心价值观具有一致性。首先，社会主义核心价值体系和社会主义核心价值观方向一致，都体现了社会主义意识形态的本质要求，体现了社会主义制度在思想和精神层面的质的规定性，凝结着社会主义先进文化的精髓，是中国特色社会主义道路、理论体系和制度的价值表达，是实现中华民族伟大复兴的中国梦的价值引领。其次，二者都坚持重在建设，就是要弘扬共同理想、凝聚精神力量，形成道德风尚。（3）核心价值观是对核心价值体系的继承与发展。社会主义核心价值观和社会主义核心价值体系各有侧重。相比于社会主义核心价值体系，社会主义核心价值观更加突出核心要素，更加注重凝练表达，更加强化实践导向。它所强调的二十四个字，是社会主义核心价值体系的内核，它把涉及国家、公民、社会的价值要求融为一体，既体现了社会主义本质要求，继承了中华优秀传统文化，也吸收了世界文明有益成果，体现了时代精神，回答了我们要建设什么样的国家、建设什么样的社会和培育什么样的公民的重大问题。

336. 如何坚持马克思主义在意识形态领域指导地位的根本制度？

全面贯彻落实习近平新时代中国特色社会主义思想，健全用党的创新理论武装全党、教育人民工作体系，完善党委（党组）理论学习中心组等各层级学习制度，建设和用好网络学习平台。深入实施马克思主义理论研究和建设工程，把坚持以马克思主义为指导全面落实到思想理论建设、哲学社会科学研究、教育教学各方面。加强和改进学校思想政治教育，建立全员、全程、全方位育人体制机制。落实意识形态工作责任制，注意区分政治原则问题、思想认识问题、学术观点问题，旗帜鲜明地反对和抵制各种错误观点。

337. 如何坚持以社会主义核心价值观引领文化建设制度？

推动理想信念教育常态化、制度化，弘扬民族精神和时代精神，加强党史、新中国史、改革开放史教育，加强爱国主义、集体主义、社会主义教育，实施公民道德建设工程，推进新时代文明实践中心建设。坚持依法治国和以德治国相结合，完善弘扬社会主义核心价值观的法律政策体系，把社会主义核心价值观要求融入法治建设和社会治理，体现到国民教育、精神文明创建、文化产品创作生产全过程。推进中华优秀传统文化传承发展工程。完善青少年理想信念教育齐抓共管机制。健全志愿服务体系。完善诚信建设长效机制，健全覆盖全社会的征信体系，加强失信惩戒。

338. 如何健全人民文化权益保障制度？

坚持以人民为中心的工作导向，完善文化产品创作生产传播的引导激励机制，推出更多群众喜爱的文化精品。完善城乡公共文化服务体系，优化城乡文化资源配置，推动基层文化惠民工程扩大覆盖面、增强实效性，健全支持开展群众性文化活动机制，鼓励社会力量参与公共文化服务体系建设。

339. 如何完善坚持正确导向的舆论引导工作机制？

坚持党管媒体原则，坚持团结稳定鼓劲、正面宣传为主，唱响主旋律、弘扬正能量。构建网上网下一体、内宣外宣联动的主流舆论格局，建立以内容建设为根本、先进技术为支撑、创新管理为保障的全媒体传播体系。改进和创新正面宣传，完善舆论监督制度，健全重大舆情和突发事件舆论引导机制。建立健全网络综合治理体系，加强和创新互联网内容建设，落实互联网企业信息管理主体责任，全面提高网络治理能力，营造清朗的网络空间。

340. 如何建立健全把社会效益放在首位、社会效益和经济效益相统一的文化创作生产体制机制？

深化文化体制改革，加快完善遵循社会主义先进文化发展规律、体现社会主义市场经济要求、有利于激发文化创新创造活力的文化管理体制和生产经营机制。健全现代文化产业体系和市场体系，完善以高质量发展为导向的文化经济政策。完善文化企业履行社会责任制度，健全引导新型文化业态健康发展机制。完善文化和旅游融合发展体制机制。加强文艺创作引导，完善倡导讲品位讲格调讲责任、抵制低俗庸俗媚俗的工作机制。

341. 新时代如何加强思想道德建设？

要提高人民思想觉悟、道德水准、文明素养，提高全社会文明程度。广泛开展理想信念教育，深化中国特色社会主义和中国梦宣传教育，弘扬民族精神和时代精神，加强爱国主义、集体主义、社会主义教育，引导人们树立正确的历史观、民族观、国家观、文化观。深入实施公民道德建设工程，推进社会公德、职业道德、家庭美德、个人品德建设，激励人们向上向善、孝老爱亲，忠于祖国、忠于人民。加强和改进思想政治工作，深化群众性精神文明创建活动。弘扬科学精神，普及科学知识，开展移风易俗、弘扬时代新风行动，抵制腐朽落后文化侵蚀。推进诚信建设和志愿服务制度化，强化社会责任意识、规则意识、奉献意识。

342. 青年如何树立和培育社会主义核心价值观？

广大青年树立和培育社会主义核心价值观，要在以下几点上下功夫：（1）要勤学，下得苦功夫，求得真学问。（2）要修德，加强道德修养，注重道德实践。（3）要明辨，善于明辨是非，善于决断选择。（4）要笃实，扎扎实实干事，踏踏实实做人。

343. 实施“中华优秀传统文化传承发展工程”的基本原则是什么？

（1）牢牢把握社会主义先进文化前进方向。（2）坚持以人民为中心的工作导向。（3）坚持创造性转化和创新性发展。（4）坚持交流互鉴、开放包容。（5）坚持统筹协调、形成合力。

344. 实施“中华优秀传统文化传承发展工程”的重要意义是什么？

中华文化源远流长、灿烂辉煌。在 5000 多年文明发展中孕育的中华优秀传统文化，积淀着中华民族最深沉的精神追求，代表着中华民族独特的精神标识，是中华民族生生不息、发展壮大的丰厚滋养，是中国特色社会主义植根的文化沃土，是当代中国发展的突出优势，对延续和发展中华文明、促进人类文明进步，发挥着重要作用。

345. 实施“中华优秀传统文化传承发展工程”的总体目标是什么？

到 2025 年，中华优秀传统文化传承发展体系基本形成，研究阐发、教育普及、保护传承、创新发展、传播交流等方面协同推进并取得重要成果，具有中国特色、中国风格、中国气派的文化产品更加丰富，文化自觉和文化自信显著增强，国家文化软实力的根基更为坚实，中华文化的国际影响力明显提升。

346. 实施“中华优秀传统文化传承发展工程”的主要内容是什么？

（1）核心思想理念。中华民族和中国人民在修齐治平、尊时守位、知常达变、开物成务、建功立业过程中培育和形成的基本思想理念。传承发展中华优秀传统文化，就要大力弘扬讲仁爱、重民本、守诚信、崇正义、尚和合、求大同等核心思想理念。（2）中华传统美德。中华优秀传统文化蕴含着丰富的道德理念和规范，如天下兴亡、匹夫有责的担当意识，精忠报国、振兴中华的爱国情怀，崇德向善、见贤思齐的社会风尚，孝悌忠信、礼义廉耻的荣辱观念，体现着评判是非曲直的价值标准，潜移默化地影响着中国人的行为方式。传承发展中华优秀传统文化，就要大力弘扬自强不息、敬业乐群、扶危济困、见义勇为、孝老爱亲等中华传统美德。（3）中华人文精神。中华优秀传统文化积淀着多样、珍贵的精神财富，如求同存异、和而不同的处世方法，文以载道、以文化人的教化思想，形神兼备、情景交融的美学追求，俭约自守、中和泰和的生活理念等，传承发展中华优秀传统文化，就要大力弘扬有利于促进社会和谐、鼓励人们向上向善的思想文化内容。

347. 新时代的文化文艺工作者、哲学社会科学工作者如何明大德、立大德？

（1）要有信仰、有情怀、有担当，树立高远的理想追求和深沉的家国情怀，把个人的艺术追求、学术理想同国家前途、民族命运紧紧结合在一起，同人民福祉紧紧结合在一起，努力做对国家、对民族、对人民有贡献的艺术家和学问家。（2）要坚守高尚职业道德，多下苦功、多练真功，做到勤业精业。（3）要自觉践行社会主义核心价值观，在市场经济大潮面前自尊自重、自珍自爱，讲品位、讲格调、讲责任，抵制低俗庸俗媚俗。（4）要有“望尽天涯路”的追求，耐得住“昨夜西风凋碧树”的清冷和“独上高楼”的寂寞，最后达到“蓦然回首，那人却在，灯火阑珊处”的领悟。

348. 新时代的共青团如何做好党的助手和后备军？

党旗所指就是团旗所向。共青团要毫不动摇坚持党的领导，增强“四个意识”、坚定“四个自信”、做到“两个维护”，坚定不移走中国特色社会主义群团发展道路，不断保持和增强政治性、先进性、群众性，坚持把培养社会主义建设者和接班人作为根本任务，把巩固和扩大党执政的青年群众基础作为政治责任，把围绕中心、服务大局作为工作主线，认真履行引领凝聚青年、组织动员青年、联系服务青年的职责，不断创新工作思路，增强对青年的凝聚力、组织力、号召力，团结带领新时代中国青年在实现中华民族伟大复兴中国梦的进程中不断开拓创新、奋发有为。

349. 新时代中国青年要如何担当时代责任？

（1）时代呼唤担当，民族振兴是青年的责任。在实现中华民族伟大复兴的新征程上，应对重大挑战、抵御重大风险、克服重大阻力、解决重大矛盾，迫切需要迎难而上、挺身而出的担当精神。只要青年都勇挑重担、勇克难关、勇斗风险，中国特色社会主义就能充满活力、充满后劲、充满希望。（2）青年要保持初生牛犊不怕虎、越是艰险越向前的刚健勇毅，勇立时代潮头，争做时代先锋。一切视探索尝试为畏途、一切把负重前行当吃亏、一切"躲进小楼成一统"逃避责任的思想和行为，都是要不得的，都是成不了事的，也是难以真正获得人生快乐的。（3）新时代中国青年要珍惜这个时代、担负时代使命，在担当中历练，在尽责中成长，让青春在新时代改革开放的广阔天地中绽放，让人生在实现中国梦的奋进追逐中展现出勇敢奔跑的英姿，努力成为德智体美劳全面发展的社会主义建设者和接班人！

350. 新时代中国青年要如何锤炼品德修为？

（1）青年要把正确的道德认知、自觉的道德养成、积极的道德实践紧密结合起来，不断修身立德，打牢道德根基，在人生道路上走得更正、走得更远。面对复杂的世界大变局，要明辨是非、恪守正道，不人云亦云、盲目跟风。（2）面对外部诱惑，要保持定力、严守规矩，用勤劳的双手和诚实的劳动创造美好生活，拒绝投机取巧、远离自作聪明。（3）面对美好岁月，要有饮水思源、懂得回报的感恩之心，感恩党和国家，感恩社会和人民。（4）要在奋斗中摸爬滚打，体察世间冷暖、民众忧乐、现实矛盾，从中找到人生真谛、生命价值、事业方向。（5）新时代中国青年要自觉树立和践行社会主义核心价值观，善于从中华民族传统美德中汲取道德滋养，从英雄人物和时代楷模的身上感受道德风范，从自身内省中提升道德修为，明大德、守公德、严私德，自觉抵制拜金主义、享乐主义、极端个人主义、历史虚无主义等错误思想，追求更有高度、更有境界、更有品位的人生，让清风正气、蓬勃朝气遍布全社会！

351. 我们要学习道德模范的什么精神？

热爱祖国、奉献人民的家国情怀，自强不息、砥砺前行的奋斗精神，积极进取、崇德向善的高尚情操。

352. 英雄模范是怎样产生的？

英雄模范们用行动再次证明，伟大出自平凡，平凡造就伟大。只要有坚定的理想信念、不懈的奋斗精神，脚踏实地把每件平凡的事做好，一切平凡的人都可以获得不平凡的人生，一切平凡的工作都可以创造不平凡的成就。

353. 什么是新时代的忠诚？

忠诚，就是英雄模范们都对党和人民事业矢志不渝、百折不挠，坚守一心为民的理想信念，坚守为中国人民谋幸福、为中华民族谋复兴的初心使命，用一生的努力谱写了感天动地的英雄壮歌。

354. 什么是新时代的执着？

执着，就是英雄模范们都在党和人民最需要的地方冲锋陷阵、顽强拼搏，几十年如一日埋头苦干，为国为民奉献的志向坚定不移，对事业的坚守无怨无悔，为民族复兴拼搏奋斗的赤子之心始终不改。

355. 什么是新时代的朴实？

朴实，就是英雄模范们都在平凡的工作岗位上忘我工作、无私奉献，不计个人得失，舍小家顾大家，具有功成不必在我、功成必定有我的崇高精神，其中很多同志都是做隐姓埋名人、干惊天动地事的典型，展现了一种伟大的无我境界。

第六部分

反对形式主义、官僚主义

356. 形式主义的实质是什么？

形式主义的实质是主观主义、功利主义。

357. 形式主义的根源是什么？

形式主义的根源是政绩错位、责任心缺失，用轰轰烈烈的形式代替了扎扎实实的落实，用光鲜亮丽的外表掩盖了矛盾和问题。

358. 官僚主义的实质是什么？

官僚主义的实质是封建残余思想作祟。

359. 官僚主义的根源是什么？

官僚主义的根源是官本位思想严重、权力观扭曲，做官当老爷，高高在上，脱离群众，脱离实际。

360.《关于贯彻落实习近平总书记重要指示精神，集中整治形式主义、官僚主义的工作意见》是由哪个机关印发的？

是由中央纪委办公厅印发的。

361.《关于贯彻落实习近平总书记重要指示精神，集中整治形式主义、官僚主义的工作意见》重点整治的是哪四个方面？

（1）在贯彻落实党的路线方针政策、中央重大决策部署方面，重点整治严重影响党中央权威和集中统一领导、影响中央政令畅通的形式主义、官僚主义的突出问题。（2）在联系群众、服务群众方面，重点整治群众身边特别是群众反映强烈的形式主义、官僚主义突出问题。（3）在履职尽责、服务经济社会发展方面，重点整治不担当、不作为、慢作为、乱作为、假作为等严重影响改革发展高质量的突出问题。（4）在学风会风文风及检查调研方面，重点整治频次过多过滥、浮于表面等突出问题。

362. 《关于贯彻落实习近平总书记重要指示精神，集中整治形式主义、官僚主义的工作意见》重点整治的突出问题有哪些？

（1）对中央精神只做面上轰轰烈烈的传达，口号式、机械式的传达，不加消化、囫囵吞枣的传达，上下一般粗的传达。（2）在工作中空喊口号，表态多调门高、行动少落实差，热衷于作秀造势。（3）单纯以会议贯彻会议、以文件落实文件，做表面文章、过度留痕，缺乏实际行动和具体措施。（4）漠视群众利益和疾苦，对群众反映强烈的问题无动于衷、消极应付，对群众合理诉求推诿扯皮、冷硬横推，对群众态度简单粗暴、颐指气使。（5）便民服务单位和政务服务窗口态度差、办事效率低，政务服务热线、政府网站、政务 APP 运行“僵尸化”。（6）“新官不理旧事”，言而无信，重招商轻落地、轻服务，影响营商环境。（7）不顾实际情况、不经科学论证，违反规定程序乱决策、乱拍板、乱作为。（8）弄虚作假，编造假经验、假典型、假数据，瞒报、谎报情况，隐藏、遮掩问题。（9）学风漂浮，理论脱离实际，只为应付场面、应景交差，不尚实干、不求实效。（10）开会不研究真实情况、不解决实际问题，为开会而开会。（11）检查考核过多过滥，多部门重复考核同一事项，考核内容不务实，频次多、表格多、材料多，给基层造成严重负担。（12）调查研究搞形式、走过场、不深入，打造“经典调研线路”，搞走秀式调研，搞层层陪同、超人数陪同。

363.《关于贯彻落实习近平总书记重要指示精神，集中整治形式主义、官僚主义的工作意见》集中整治工作的主要对象是谁？

集中整治工作的主要对象是领导机关、领导干部。

364.《关于贯彻落实习近平总书记重要指示精神，集中整治形式主义、官僚主义的工作意见》提出了哪些具体落实举措？

（1）各级纪检监察机关深入调研排查，加强督促，推动本地区本部门本系统党委（党组）集中力量开展深入调研，摸清查摆自身存在的突出问题、具体表现，拿出管用的办法精准施策。（2）强化纠正整改，督促和推动各级党委（党组）履行好主体责任，对照查摆出的突出问题，逐项整改并不断巩固整改成效。对整改工作全程监督，对“走过场”“做虚功”等以形式主义整治形式主义的行为及时纠正，造成不良后果的要予以问责。（3）集中整治工作要与正在开展的专项治理扶贫领域腐败和作风问题工作、污染防治和环保问责工作、民生领域相关工作、扫黑除恶专项斗争等重要专项工作相结合。（4）各级纪检监察机关要严肃执纪问责，抓住“关键少数”，发挥巡视巡察对形式主义、官僚主义问题的监督利剑作用，畅通监督举报渠道，及时发现问题线索，通报曝光典型案例，加强工作研究。

365. 形式主义和官僚主义有哪些表现？

（1）贯彻落实方面。有的领导干部对贯彻落实中央重大决策部署表态多调子高，但行动少落实差，虚多实少，仅仅满足于“轮流圈阅”“层层转发”“安排部署”，个别领导干部说一套做一套，我行我素。（2）调查研究方面。有的单位搞形式、走过场，像打造旅游线路一样打造“经典调研线路”，无论什么调研主题，去的是同一条路线、访的是同一批对象、听的是同一套说辞，搞“大伙演、领导看”的走秀式调研。（3）服务群众方面。有的单位表面上推进服务型政府建设，“门好进、脸好看”，但还是“事难办”，将过去的“管卡压”变成了现在的“推绕拖”；有的政务服务热线电话长期无人接听；有的政府网站更新的内容主要是领导活动，政务公开、便民服务等栏目几乎成为僵尸栏目。（4）项目建设方面。一些地方热衷于打造领导“可视范围”内的项目工程，而不考虑客观实际，“不怕群众不满意，就怕领导不注意”“奖状一屋子，工作还是老样子”。（5）召开会议方面。一些地方无论什么会议都要层层重复开，一个接一个，检查评比走马灯，导致干部疲于应付，没有时间抓落实。（6）改进文风方面。有的地方写文件、制文件机械照搬照抄，出台制度规定“依葫芦画瓢”，内容不是来自调查研究，而是源自抄袭拼凑。（7）责任担当方面。有的领导干部“只求不出事，宁愿不做事”，凡事都要上级拍板，避免自己担责，甚至层层往上报、层层不表态。（8）工作实效方面。有的地方对工作不重实效重包装，把精力都放在“材料美化”上，一项工作刚开始就急于总结成绩、宣传典型，搞“材料出政绩”。（9）履行职责方面。有的部门热衷于与下属单位签订“责任状”，将责任下移，试图让下级的“责任状”成为自己的“免责单”。（10）对待问题方面。有的党员干部对身边不良风气和违规问题态度漠然，事不关己、高高挂起，知情不报、听之任之，甚至在组织向其了解情况时仍不说真话。

366. 形式主义和官僚主义的危害有哪些？

（1）危害马克思主义思想传播。形式主义、官僚主义用唯心主义取代唯物主义，用不严不实取代“三严三实”，严重阻碍了马克思主义思想的传播和落地生根。（2）贻误工作。形式主义和官僚主义最典型的表现就是脱离实际，务虚不务实，无实事求是之意。这导致经济社会缺乏活力，各项工作难以有效开展。（3）危害党和人民群众的血肉联系。形式主义、官僚主义脱离群众，对群众的诉求该回复的不回复，该解决的不解决，对损害群众利益的事情采取“事不关己，高高挂起”的态度。所以形式主义和官僚主义严重的地方，党群干群关系肯定难以融洽，更有甚者，可能水火不容。（4）败坏党风和社会风气。形式主义和官僚主义务虚不务实，浮躁虚夸，吹牛拍马，导致党风不正，社会风气浮躁。（5）危害党内政治生态。形式主义、官僚主义政治站位不正，把党的纯洁性、先进性的要求放在一边，不懂得“政在去私，私不去则公道亡”的道理，往往以圈子文化代替政治纪律、以团伙规矩取代政治规矩。在选人用人方面，把干部选拔任用和考察的程序搁置一旁，要么走过场，流于形式，要么带病提拔“圈中人”，不但助长了歪风邪气，还严重损害了党的公信力，让人民群众寒心，是风清气正政治生态的“大敌”。（6）劳民伤财。搞形式主义和官僚主义需要成本，为追求假政绩而制造的形象工程导致国家财产白白流失，民众生活大受影响。（7）助长了“潜规则”。形式主义、官僚主义不懂得“法度行则国治，私意行则国乱”的道理。表面上看，是漠视党的章程、不遵守党的政治纪律政治规矩，实际上是把党的政治纪律和政治规矩边缘化，空心化，是将“潜规则”公开化的一种表现。

367. 产生形式主义和官僚主义的主观原因是什么？

（1）缺乏担当、本领恐慌导致懒政怠政。（2）政绩观扭曲导致脱离实际胡乱作为。（3）“官本位”思想影响导致脱离群众高高在上。（4）发现难、监督难导致心存侥幸，少有顾忌。

368. 产生形式主义和官僚主义的客观原因是什么？

（1）体制机制还不健全，主要是干部选拔任用机制、工作考核评价机制、处理问题的决策机制、各项工作的成本核算机制等不够健全。（2）社会转型的探索认识阶段，社会上浮躁风气较盛。（3）形式主义和官僚主义现象定性的难度加大。（4）各种督查检查过于频繁。

369. 如何反对形式主义？

反对形式主义，要着重解决工作不实的问题，教育引导党员、干部改进学风文风会风，改进工作作风，在大是大非面前敢于担当、敢于坚持原则，真正把心思用在干事业上，把功夫下到察实情、出实招、办实事、求实效上。

370. 如何反对官僚主义？

反对官僚主义，要着重解决在人民群众利益上不维护、不作为的问题，教育引导党员、干部深入实际、深入基层、深入群众，坚持民主集中制，虚心向群众学习，真心对群众负责，热心为群众服务，诚心接受群众监督，坚决整治消极应付、推诿扯皮、侵害群众利益的问题。

371. 在党中央坚强领导下，各级纪检监察机关坚持党的领导、从严管党治党，探索积累了哪些宝贵经验？

（1）必须坚决维护党中央权威和集中统一领导，确保全党步调一致、行动统一；（2）必须坚持治国必先治党、治党务必从严，确保党成为中国特色社会主义事业的中流砥柱；（3）必须坚持以人民为中心，确保立党为公、执政为民；（4）必须坚持改革创新、艰苦奋斗作风，确保党始终走在时代前列；（5）必须坚决同消极腐败现象作斗争，确保党永葆清正廉洁的政治本色。

372. 在全面建成小康社会、实现第一个百年奋斗目标的关键之年，如何继续推进全面从严治党，继续推进党风廉政建设和反腐败斗争的六项任务？

（1）深入贯彻落实党的十九大精神，不断强化思想武装。坚持用习近平新时代中国特色社会主义思想武装头脑，经常对表对标，及时校准偏差。各级党组织要旗帜鲜明地坚持和加强党的全面领导，坚持党中央重大决策部署到哪里，监督检查就跟进到哪里，确保党中央令行禁止。(2)加强党的政治建设，保证全党集中统一、令行禁止。要贯彻落实新形势下党内政治生活若干准则，发展积极健康的党内政治文化。要把力戒形式主义、官僚主义作为重要任务。各地区各部门党委(党组)要履行主体责任，紧盯形式主义、官僚主义新动向新表现，拿出有效管用的整治措施。(3)弘扬优良作风，同心协力实现小康。要把刹住"四风"作为巩固党心民心的重要途径，对享乐主义、奢靡之风等歪风陋习要露头就打，对"四风"隐形变异新动向要时刻防范。(4)坚决惩治腐败，巩固发展压倒性胜利。要坚持靶向治疗、精确惩治，聚焦党的十八大以来着力查处的重点对象，紧盯事关发展全局和国家安全的重大工程、重点领域、关键岗位，加大金融领域反腐力度，对存在腐败问题的，发现一起坚决查处一起。要深化标本兼治，夯实治本基础，一体推进不敢腐、不能腐、不想腐。(5)强化主体责任，完善监督体系。要深化国家监察体制改革，高质量推进巡视巡察全覆盖，发挥派驻机构职能作用。各级党委(党组)特别是书记要强化政治担当、履行主体责任，把每条战线、每个领域、每个环节的党建工作抓具体、抓深入。(6)向群众身边不正之风和腐败问题亮剑，维护群众切身利益。要做深做实做细市县巡察和纪委监委日常监督，在实践中拓展整治群众身边腐败和作风问题工作，从具体人、具体事着手，将问题一个一个解决。

373. 做好领导干部特别是高级干部有哪六项具体要求?

(1)要严守政治纪律，在重大原则问题和大是大非面前，必须立场坚定、旗帜鲜明。(2)要心底无私，正确维护党中央权威，对来自中央领导同志家属、子女、身边工作人员和其他特定关系人的违规干预、捞取好处等行为，对自称同中央领导同志有特殊关系的人提出的要求，必须坚决抵制。（3）要保持健康的党内同志关系，倡导清清爽爽的同志关系、规规矩矩的上下级关系，坚决抵制拉拉扯扯、吹吹拍拍等歪风邪气，让党内关系正常化、纯洁化。（4）要带头贯彻民主集中制，服从组织决定和组织分工。（5）要带头建立健康的工作关系，不把管理的公共资源用于个人或者单位结“人缘”、拉关系、谋好处。（6）执行这些要求，中央政治局、中央委员会组成人员具有关键作用。职位越高越要自觉按照党提出的标准严格要求自己，越要以坚强党性和高尚品格，为全党带好头、作表率。

374. 作为一个合格的纪监察干部，要做到哪“三要”？

（1）要忠诚于党、忠于人民，带头增强“四个意识”、坚定“四个自信”、做到“两个维护”。（2）要带头加强机关党的政治建设，健全内控机制，经常打扫庭院，清除害群之马，建设忠诚干净担当的纪检监察铁军。（3）要经得起磨砺、顶得住压力、打得了硬仗，要发扬光荣传统，讲政治、练内功、提素质、强本领，成为立场坚定、意志坚强、行动坚决的表率。

375. 习近平总书记在哪次会议上首提反对“四风”？

2013 年 6 月 18 日在北京召开的中国共产党的群众路线教育实践活动工作会议上提出。

376. 反对“四风”的首要任务、长期任务是什么?

把整治形式主义、官僚主义作为正风肃纪、反对“四风”的首要任务、长期任务。

377. 如何通过制度来纠正“四风”?

纠正“四风”必须扎实、扎紧、扎严制度的笼子。扎实制度的笼子，必须从细微之处抓起，抓小抓早，以规制防范各种领域、各个环节的“四风”问题。扎紧制度的笼子，把纠正“四风”的严格要求融入新形势下党内政治生活若干准则、党纪处分条件、问责条例等党内法规，形成严密的作风建设的制度体系，使“四风”无缝可钻。扎紧制度的笼子，就是要切实加强制度执行力，对“四风”问题一寸不让，查处和问责绝不能打折扣、搞变通，不断释放执纪必严的强烈信号。

378. 如何靠机制来纠正“四风”?

（1）力戒形式主义，要剔除“单靠数字说活”“表面文章”“外表美丽”等考核方式，用整体效果、群众意见、长远目标等综合指标来考核绩效，建立主客观相统一的目标考核管理机制。（2）力戒官僚主义，要剔除“靠下级汇报决策”“靠办公室决策”等高高在上、脱离群众的工作作风，坚决贯彻“没有调查，就没有决策权”的基本精神，建立决策前的民主性评估机制。（3）建立“经常抓、抓经常”的监督机制。将纠正“四风”工作作为纪检监察部门的经常性工作来抓，时时抓、月月抓、年年抓。以巡视全覆盖、国家监察全覆盖为契机，把纠正“四风”问题纳入巡视和国家监察的重要工作内容。

379. 新形势下如何解决“四风问题”？

（1）各地区各部门都要摆摆表现，找找差距，抓住主要矛盾，特别要针对表态多调门高、行动少落实差等突出问题，拿出过硬措施，扎扎实实地改。各级领导干部要带头转变作风，身体力行，以上率下，形成“头雁效应”。（2）要根据新情况锲而不舍、持续发力，准备把握新时代落实中央八项规定精神的规律特点和工作要求，突出工作重点，坚决整治形式主义、官僚主义、深入治理享乐主义、奢靡之风，抓好主题教育专项整治，不断握紧制度笼子。（3）必须清醒看到，“四风”问题具有顽固性复杂性，特别是形式主义、官僚主义问题在一些地区和领域仍然突出，必须下大力气重点突破和解决。（4）要紧盯对党中央重大决策部署不敬畏、不在乎、喊口号、装样子的错误表现，严肃查处空泛表态、应景造势、敷衍塞责、出工不出力等突出问题，大力整治党员干部不担当不作为问题。（5）要严防享乐主义和奢靡之风反弹，深挖细查享乐奢靡问题隐形变异的种种表现，一个节点一个节点盯住，对顶风违纪从严查处，对典型案例通报曝光，形成强大震慑。（6）要聚焦违规收受礼品礼金、违规发放津贴或福利、违规公款吃喝、违规操办婚丧喜庆事宜等问题，聚焦领导干部违规参加各类研讨会、论坛等问题，抓好整治。

380. 为什么说慎独慎微是加强自律的关键？

“莫见乎隐，莫显乎微，故君子慎其独也。”“不虑于微，始贻于大；不防于小，终亏大德。”加强自律关键是在私底下、无人时、细微处能否做到慎独慎微。要懂得小事小节中有政治、有方向、有形象、有人格的道理，从小事小节上加强约束、规范自己，常掸心灵灰尘，常清思想垃圾，常掏灵魂旮旯。要加强对亲属和身边工作人员的教育和约束，慎重对待朋友交往，防止被别有用心的人“围猎”，不要踩上“地雷”、掉进陷阱。

381. 中共中央“八项规定”是什么时候颁发的？

“八项规定”是 2012 年 12 月 4 日习近平总书记主持召开的中共中央政治局会议上审议通过的。

382.《中共中央政治局贯彻落实中央八项规定的实施细则》在哪些方面作了细化和完善？

修订后的《中央中央政治局贯彻落实中央八项规定的实施细则》着重对改进调查研究、精简会议活动、精简文件简报、规范出访活动、改进新闻报道、厉行勤俭节约等方面的内容作了进一步规范、细化和完善，更加切合工作实际，增强了指导性和操作性。

383. 中共中央“八项规定”的主要内容是什么？

（1）要改进调查研究，到基层调研要深入了解真实情况，总结经验、研究问题、解决困难、指导工作，向群众学习、向实践学习，多同群众座谈，多同干部谈心，多商量讨论，多解剖典型，多到困难和矛盾集中、群众意见多的地方去，切忌走过场、搞形式主义；

要轻车简从、减少陪同、简化接待，不张贴悬挂标语横幅，不安排群众迎送，不铺设迎宾地毯，不摆放花草，不安排宴请。（2）要精简会议活动，切实改进会风，严格控制以中央名义召开的各类全国性会议和举行的重大活动，不开泛泛部署工作和提要求的会，未经中央批准一律不出席各类剪彩、奠基活动和庆祝会、纪念会、表彰会、博览会、研讨会及各类论坛；提高会议实效，开短会、讲短话，力戒空话、套话。（3）要精简文件简报，切实改进文风，没有实质内容、可发可不发的文件、简报一律不发。（4）要规范出访活动，从外交工作大局需要出发合理安排出访活动，严格控制出访随行人员，严格按照规定乘坐交通工具，一般不安排中资机构、华侨华人、留学生代表等到机场迎送。（5）要改进警卫工作，坚持有利于联系群众的原则，减少交通管制，一般情况下不得封路、不清场闭馆。（6）要改进新闻报道，中央政治局同志出席会议和活动应根据工作需要、新闻价值、社会效果决定是否报道，进一步压缩报道的数量、字数、时长。（7）要严格文稿发表，除中央统一安排外，个人不公开出版著作、讲话单行本，不发贺信、贺电，不题词、题字。（8）要厉行勤俭节约，严格遵守廉洁从政有关规定，严格执行住房、车辆配备等有关工作和生活待遇的规定。

384. 如何做一个堂堂正正的共产党人？

清清白白做人，就是要一身正气、两袖清风，自觉遵守廉洁自律准则，自觉遵守中央八项规定精神，自觉接受监督，敬畏人民、敬畏组织、敬畏法纪，公正用权、依法用权、廉洁用权，拒腐蚀、永不沾，决不搞特权，决不以权谋私，做一个堂堂正正的共产党人。

385. 习近平总书记在中国共产党第十八届中央纪律检查委员会第六次全体会议上提出的“两个不变”和“四个足够自信”是什么？

“两个不变”是党中央坚定不移反对腐败的决心没有变，坚决遏制腐败现象蔓延势头的目标没有变。

“四个足够自信”是全党同志对党中央在反腐败斗争上的决心要有足够自信，对反腐败斗争取得的成绩要有足够自信，对反腐败斗争带来的正能量要有足够自信，对反腐败斗争的光明前景要有足够自信。

386.《关于解决形式主义突出问题为基层减负的通知》如何着力解决党性不纯、政绩观错位的问题？

（1）坚持用习近平新时代中国特色社会主义思想武装头脑，在深化消化转化上下功夫，把理论学习的成效体现到增强党性修养、提高工作能力、改进工作作风、推动党的事业发展上。（2）将力戒形式主义、官僚主义作为全党开展的“不忘初心、牢记使命”主题教育重要内容，教育引导党员干部牢记党的宗旨，坚持实事求是的思想路线，树立正确政绩观，把对上负责与对下负责统一起来。（3）从领导机关首先是中央和国家机关做起，开展作风建设专项整治行动，发扬斗争精神，对困扰基层的形式主义问题进行大排查，着重从思想观念、工作作风和领导方法上找根源、抓整改。（4）严明政治纪律和政治规矩，认真汲取秦岭北麓西安境内违建别墅问题的深刻教训，坚决防止和纠正落实党中央决策部署不用心、不务实、不尽力，口号喊得震天响、行动起来轻飘飘的问题，真正把树牢“四个意识”、做到“两个维护”的要求落到实处。

387.《关于解决形式主义突出问题为基层减负的通知》如何着力解决文山会海反弹回潮的问题？

（1）认真贯彻落实中央八项规定及其实施细则精神，从中央层面做起，层层大幅度精简文件和会议，确保发给县级以下的文件、召开的会议减少 30%—50%。（2）发扬“短实新”文风，坚决压缩篇幅，防止穿靴戴帽、冗长空洞，中央印发的政策性文件原则上不超过 10 页，地方和部门也要按此从严掌握。（3）地方各级、基层单位贯彻落实中央和上级文件，可结合实际制定务实管用的举措，除有明确规定外，不再制定贯彻落实意见和实施细则。（4）科学确定中央文件密级和印发范围，能公开的公开。（5）少开会、开短会，开管用的会。上级会议原则上只开到下一级，经批准直接开到县级的会议，不再层层开会。严禁随意拔高会议规格、扩大会议规模，未经批准不得要求党委和政府主要负责同志以及部门一把手参会，减少陪会。提倡合并开会、套开会议，多采用电视电话、网络视频会议等形式。提高会议实效，不搞照本宣科，不搞泛泛表态，不刻意搞传达不过夜，坚决防止同一事项议而不决、反复开会。（6）进一步改革会议公文制度，选择一些地方和单位开展治理文山会海工作试点。

388. 为何要修订《中国共产党廉洁自律准则》和《中国共产党纪律处分条例》两部党内法规？

原《廉政准则》是在 1997 年《中国共产党党员领导干部廉洁从

政若干准则（试行）》的基础上修订而成的，2010 年 1 月颁布实施。存在的主要问题:（1）适用对象过窄，仅对党员领导干部提出规范，未能涵盖 8700 多万全体党员。（2）缺少正面倡导，其中“8 个禁止”“52 个不准”均为“负面清单”，许多条款与修订前《党纪处分条例》和国家法律重复。（3）“廉洁”主题不够突出，有一些内容与廉洁主题无直接关联。

原《党纪处分条例》是在 1997 年《中国共产党纪律处分条例（试行）》的基础上修订而成的，2003 年 12 月颁布实施。存在的主要问题:（1）对违反党章、损害党章权威的违纪行为缺乏必要和严肃的责任追究。（2）纪法不分，近半数条款与刑法等国家法律规定重复，将适用于全体公民的法律规范作为党组织和党员的纪律标准，降低了对党组织和党员的要求。（3）有必要将党的十八大以来从严治党的实践成果制度化，将严明政治纪律和政治规矩、组织纪律，落实中央八项规定精神、反对“四风”等内容纳入条例。基于以上情况，亟须对《廉政准则》和《党纪处分条例》这两项关联度更高的法规先行修订。通过修订，真正把党规党纪的权威性、严肃性在全党树起来，切实唤醒广大党员干部的党章党规党纪意识。

389. 我们党要不断进行自我革命的根本意义是什么?

我们党要始终成为时代先锋、民族脊梁，始终成为马克思主义执政党，自身必须始终过硬。怎样才算过硬，就是要敢于进行自我革命，敢于刀刃向内，敢于刮骨疗伤，敢于壮士断腕，防止祸起萧墙。这就是我们党要不断进行自我革命的根本意义所在。

390.《关于解决形式主义突出问题为基层减负的通知》如何着力解决督查检查考核过多过频、过度留痕的问题？

（1）抓好《中共中央办公厅关于统筹规范督查检查考核工作的通知》贯彻落实，严格控制总量，实行年度计划和审批报备制度，中央和国家机关有关部门原则上每年搞1次综合性督查检查考核，对县乡村和厂矿企业学校的督查检查考核事项减少50%以上的目标要确保执行到位。（2）强化结果导向，考核评价一个地方和单位的工作，关键看有没有解决实际问题、群众的评价怎么样。（3）坚决纠正机械式做法，不得随意要求基层填表报数、层层报材料，不得简单地将有没有领导批示、开会发文、台账记录、工作笔记等作为工作是否落实的标准，不得以微信工作群、政务APP上传工作场景截图或录制视频来代替对实际工作评价。（4）严格控制“一票否决”事项，不能动辄签“责任状”，变相向地方和基层推卸责任。（5）对涉及城市评选评比表彰的各类创建活动进行集中清理，该撤销的撤销，该合并的合并。（6）对巡视巡察、环保督察、脱贫攻坚督查考核、政府大督查、党建考核等，牵头部门也要倾听基层意见进行完善，提出优化改进措施。调查研究、执法检查等要轻车简从、务求实效，不干扰基层正常工作。

391.《关于解决形式主义突出问题为基层减负的通知》如何着力解决干部不敢担当作为的问题？

（1）坚持严管和厚爱结合，实事求是、依规依纪依法严肃问责、规范问责、精准问责、慎重问责，真正起到问责一个、警醒一片的效果。（2）修订《中国共产党问责条例》。有效解决问责不力和问责泛化简单化等问题。正确对待被问责的干部，对影响期满、表现好的干部，符合有关条件的，该使用的要使用。（3）制定纪检监察机关处理检举控告工作规则，保障党员权利，及时为干部澄清正名，严肃查处诬告陷害行为。（4）改进谈话和函询工作方法，有效减轻干部不必要的心理负担。（5）把“三个区分开来”的要求具体化，正确把握干部在工作中出现失误错误的性质和影响，切实保护干部干事创业的积极性，为担当者担当，为负责者负责。（6）对基层干部特别是困难艰苦地区和奋战在脱贫攻坚第一线的干部，给予更多理解和支持，在政策、待遇等方面给予倾斜。

392.《关于解决形式主义突出问题为基层减负的通知》如何为解决困扰基层的形式主义问题提供坚强保障？

（1）在党中央集中统一领导下，建立中央层面整治形式主义为基层减负专项工作机制，由中央办公厅牵头，中央纪委国家监委机关、中央组织部、中央宣传部、中央改革办、中央和国家机关工委、全国人大常委会办公厅、国务院办公厅、全国政协办公厅等参加，负责统筹协调推进落实工作。（2）各地区各部门党委（党组）要切实履行主体责任，一把手负总责，党委办公厅（室）负责协调推进落实，把力戒形式主义、官僚主义作为重要任务，拿出有效管用的整治措施。（3）加强政治巡视和政治督查，加大舆论监督力度，对形式主义、官僚主义典型问题点名道姓通报曝光，对干实事、作风好的先进典型及时总结推广，为广大党员干部作示范、树标杆。

393. 如何深化标本兼治，夺取反腐败斗争压倒性胜利？

只有以反腐败永远在路上的坚韧和执着，深化标本兼治，保证干部清正、政府清廉、政治清明，才能跳出历史周期率，确保党和国家长治久安。当前，反腐败斗争形势依然严峻复杂，巩固压倒性态势、夺取压倒性胜利的决心必须坚如磐石。要坚持无禁区、全覆盖、零容忍，坚持重遏制、强高压、长震慑，坚持受贿行贿一起查，坚决防止党内形成利益集团。在市县党委建立巡察制度，加大整治群众身边腐败问题力度。不管腐败分子逃到哪里，都要缉拿归案、绳之以法。推进反腐败国家立法，建设覆盖纪检监察系统的检举举报平台。强化不敢腐的震慑，扎牢不能腐的笼子，增强不想腐的自觉，通过不懈努力换来海晏河清、朗朗乾坤。

394. 深化国家监察体制改革的重要意义是什么？

（1）深化国家监察体制改革是以习近平总书记为核心的党中央作出的事关全局的重大政治体制改革，是强化党和国家自我监督的重大决策部署，是推动全面从严治党向纵深发展的战略举措，是夺取反腐败斗争压倒性胜利的必然要求。（2）深化国家监察体制改革，是中国特色社会主义监督理论和实践的重大创新。（3）深化国家监察体制改革，构建新的国家监察体系，从组织形式、职能定位、决策程序上将党对反腐败工作的统一领导加以具体化，决策指挥、资源力量、措施手段更加集中统一，党领导下的反腐败工作体系更加科学完备。(4)把执纪与执法贯通起来，保证了党内监督和国家监察无缝衔接、同向发力、形成合力，实现了由监督“狭义政府”到监督“广义政府”的转变，有利于强化对权力运行的制约和监督，把权力全面关进制度的笼子。

395. 如何深化国家监察体制改革?

(1)增强党自我净化能力，根本靠强化党的自我监督和群众监督。(2)要加强对权力运行的制约和监督，让人民监督权力，让权力在阳光下运行，把权力关进制度的笼子。(3)强化自上而下的组织监督，改进自下而上的民主监督，发挥同级相互监督作用，加强对党员领导干部的日常管理监督。(4)深化政治巡视，坚持发现问题，形成震慑不动摇，建立巡视巡察上下联动的监督网。(5)深化国家监察体制改革，将试点工作在全国推开，组建国家、省、市、县监察委员会，同党的纪律检查机关合署办公，实现对所有行使公权力的公职人员监察全覆盖。(6)制定国家监察法，依法赋予监察委员会职责权限和调查手段，用留置取代“双规”措施。(7)改革审计管理体制，完善统计体制。构建党统一指挥、全面覆盖、权威高效的监督体系，把党内监督同国家机关监督、民主监督、司法监督、群众监督、舆论监督贯通起来，增强监督合力。

396. 中国共产党巡视工作的工作原则是什么?

巡视工作坚持中央统一领导、分级负责；坚持实事求是、依法依规；坚持群众路线、发扬民主。

397.《中国共产党巡视工作条例》规定巡视工作人员应当具备的条件有哪些?

（1）理想信念坚定，对党忠诚，在思想上政治上行动上同党中央保持高度一致。（2）坚持原则，敢于担当，依法办事，公道正派，清正廉洁。（3）遵守党的纪律，严守党的秘密。（4）熟悉党务工作和相关政策法规，具有较强的发现问题、沟通协调、文字综合等能力。（5）身体健康，能胜任工作要求。

398. 巡视组可以采取哪些方式开展工作?

（1）听取被巡视党组织的工作汇报和有关部门的专题汇报。（2）与被巡视党组织领导班子成员和其他干部群众进行个别谈话。（3）受理反映被巡视党组织领导班子及其成员和下一级党组织领导班子主要负责人问题的来信、来电、来访等。（4）抽查核实领导干部报告个人有关事项的情况。（5）向有关知情人询问情况。（6）调阅、复制有关文件、档案、会议记录等资料。（7）召开座谈会。（8）列席被巡视地区（单位）的有关会议。（9）进行民主测评、问卷调查。（10）以适当方式到被巡视地区（单位）的下属地方、单位或者部门了解情况。（11）开展专项检查。（12）提请有关单位予以协助。（13）派出巡视组的党组织批准的其他方式。

399.《党政机关厉行节约反对浪费条例》适用的单位有哪些?

适用于党的机关、人大机关、行政机关、政协机关、审判机关、检察机关，以及工会、共青团、妇联等人民团体和参照公务员法管理的事业单位。

400. 党政机关厉行节约反对浪费应当遵循的原则有哪些？

（1）坚持从严从简，勤俭办一切事业，降低公务活动成本。（2）坚持依法依规，遵守国家法律法规和党内法规制度的相关规定，严格按程序办事。（3）坚持总量控制，科学设定相关标准，严格控制经费支出总额，加强厉行节约绩效考评。（4）坚持实事求是，从实际出发安排公务活动，取消不必要的公务活动，保证正常公务活动。（5）坚持公开透明，除涉及国家秘密事项外，公务活动中的资金、资产、资源使用等情况应予公开，接受各方面监督。（6）坚持深化改革，通过改革创新破解体制机制障碍，建立健全厉行节约反对浪费工作长效机制。

附录

新时代推进国家治理体系和治理能力现代化知识竞赛模拟测试题

一、填空题（共 10 分，每小题 1 分）

1. 国家治理的关键和根本就是要完善坚持________。

2. ________是我们党执政的最大底气，是我们共和国的坚实根基，是我们强党兴国的根本所在。

3. 党的十九届三中全会强调，深化党和国家机构改革要以________为导向。

4. 习近平总书记指出，推进国家治理体系和治理能力现代化，要大力培育和弘扬社会主义核心价值体系和核心价值观，加快构建充分反映________、民族特性、时代特征的价值体系。

5. 中国特色社会主义进入新时代，我国社会主要矛盾已经转化为________之间的矛盾。

6. 习近平总书记多次指出，要坚定中国特色社会主义道路自信、理论自信、制度自信、文化自信。其中，________是一个国家、一个民族发展中更基本、更深沉、更持久的力量。

7. 中国共产党人的初心和使命，就是________，为中华民族谋复兴。

8. ________是党支部的议事决策机构，由全体党员参加，一般每季度召开 1 次。

9. 党的十九大报告明确指出，新时代党的建设以加强党的________建设、先进性和纯洁性建设为主线。

10.《新时代公民道德建设实施纲要》提倡以文明礼貌、助人为乐、爱护公物、________、遵纪守法为主要内容的社会公德，鼓励人们在社会上做一个好公民。

二、单项选择题（共 30 分，每小题 1 分）

1. 党的十九届四中全会通过的《中共中央关于坚持和完善中国特色社会主义制度、推进国家治理体系和治理能力现代化若干重大问题的决定》明确提出，到（　　）时，全面实现国家治理体系和治理能力现代化，使中国特色社会主义制度更加巩固、优越性充分展现。

   A. 我们党成立一百年

   B. 2035 年

   C. 新中国成立一百年

   D. 改革开放一百年

2. 中国共产党在（　　）会上审议通过了《中共中央关于全面深化改革若干重大问题的决定》，首次明确提出了国家治理体系和治理能力现代化。

   A. 党的十八大

   B. 党的十八届三中全会

   C. 党的十九大

   D. 党的十九届四中全会

3. 党的十八届三中全会提出，全面深化改革的（　　）是完善和发展中国特色社会主义制度，推进国家治理体系和治理能力现代化。

   A. 总目标

B. 总导向

C. 总纲领

D. 总指引

4. 国家治理能力是运用（　　）管理社会各方面事务的能力，包括改革、发展、稳定、内政、外交、国防、治党、治国、治军等各个方面。

A. 国家制度

B. 政党制度

C. 社会制度

D. 法制规章

5. 党的十九大报告指出，（　　）是中国特色社会主义最本质的特征，是中国特色社会主义制度的最大优势。

A. 走社会主义道路

B. 中国共产党的领导

C. 坚持改革开放

D. 坚持依法治国

6. 以信息化推进国家治理体系和治理能力现代化，就是要推进经济、政治、社会、文化、生态等领域的信息化，以信息化提高这些领域的制度化、程序化、法制化水平，构建一个（　　）的国家治理体系。

A. 法治 + 德治

B. 党建 + 自治

C. 制度 + 技术

D. 法制 + 科技

7.（　　）是中国特色社会主义制度的重要组成部分，也是支撑中国国家治理体系和治理能力的根本政治制度。

A. 民族区域自治制度

B. 人民代表大会制度

C. 基层群众自治制度

D. 中国共产党领导的多党合作和政治协商制度

8. 2019 年 6 月，中共中央办公厅、国务院办公厅印发实施的《关于加强和改进乡村治理的指导意见》提出，以（　　）为指导，走中国特色社会主义乡村善治之路，建设充满活力、和谐有序的乡村社会，不断增强广大农民的获得感、幸福感、安全感。

A. 马克思列宁主义

B.“三个代表”重要思想

C. 科学发展观

D. 习近平新时代中国特色社会主义思想

9.（　　）是坚持和发展中国特色社会主义的本质要求和重要保障，是实现国家治理体系和治理能力现代化的必然要求。

A. 从严治党

B. 依德治国

C. 党的领导

D. 依法治国

10. 中国特色社会主义制度及其执行能力的集中体现是（　　）。

A. 国家的信息化水平

B. 国家的现代化水平

C. 国家治理体系和治理能力

D. 国家的社会保障水平

11. 不断加强和改善（　　）是国家治理体系与治理能力现代化的核

心要义。

A. 制度建设

B. 法治制度

C. 中国共产党的全面领导

D. 党的服务水平和能力建设

12. 党的十九届四中全会提出，（　　）是巩固党的领导地位的基础和前提。建立这方面的制度，就是要推动全党恪守党的性质宗旨、理想信念、奋斗目标，使我们党永葆先进性纯洁性，永远得到人民的衷心拥护。

A. 全面从严治党

B. 坚守党的初心和使命

C. 为人民执政、靠人民执政

D. 坚定维护党中央权威和集中统一领导

13. 党的十九届四中全会提出：生态文明建设是关系中华民族永续发展的千年大计。必须践行（　　）的理念，坚持节约资源和保护环境的基本国策，坚持节约优先、保护优先、自然恢复为主的方针，坚定走生产发展、生活富裕、生态良好的文明发展道路，建设美丽中国。

A. 环境就是民生

B. 绿水青山就是金山银山

C. 人与自然和谐共生

D. 尊重自然，顺应自然

14.（　　）把习近平新时代中国特色社会主义思想确立为党必须长期坚持的指导思想并庄严地写入党章，实现了党的指导思想的与时俱进。

A. 党的十八大

B. 党的十九大

C. 党的十九届三中全会

D. 党的十九届四中全会

15. 2013 年 3 月，习近平主席在莫斯科国际关系学院发表演讲时指出，实现中华民族伟大复兴，是近代以来中国人民最伟大的梦想。“中国梦”的基本内涵是实现（　　）。

A. 国家富强、民族振兴、人民幸福

B. 世界和谐、民族振兴、经济发达

C. 国家富强、绿色发展、人民幸福

D. 生产发展、生活富裕、生态良好

16. 共享理念实质就是坚持以（　　）为中心的发展思想，体现的是逐步实现共同富裕的要求。

A. 经济

B. 人民

C. 生态

D. 公平

17. “十三五”时期是全面建成小康社会决胜阶段。党的十八大以来，以习近平同志为核心的党中央，把（　　）作为全面建成小康社会的底线任务和标志性指标。

A. 打赢脱贫攻坚战

B. 城镇化率达到 50%

C. 人均国内生产总值超过 3000 美元

D. 城镇居民最低生活保障率 95% 以上

18.（　　）是我们党的生命线和根本工作路线，是我们的事业不断取得胜利的重要法宝，也是我们党不断焕发生机与活力、永葆先进性的力量源泉。

A. 群众路线

B. 统一战线

C. 党的建设

D. 实事求是

19. 党的（　　）建设是党的根本性建设，决定党的建设方向和效果，事关统揽推进伟大斗争、伟大工程、伟大事业、伟大梦想。

A. 政治

B. 组织

C. 制度

D. 作风

20. 习近平总书记指出，衡量干部是否有理想信念，关键看是否（　　）。

A. 对党忠诚

B. 廉洁自律

C. 有自信

D. 有担当

21. 党支部设置一般以单位、区域为主，以单独组建为主要方式。企业、农村、机关、学校、科研院所、社区、社会组织、人民解放军和武警部队连（中）队以及其他基层单位，凡是有正式党员（　　）人以上的，都应当成立党支部。

A. 3

B. 5

C. 10

D. 50

22. 党支部每年至少召开 1 次组织生活会，一般安排在（　　），也可以根据工作需要随时召开。

A. 第一季度

B. 第二季度

C. 第三季度

D. 第四季度

23. 要以提升组织力为重点，突出（　　）功能，把企业、农村、机关、学校、科研院所、街道社区、社会组织等基层党组织建设成为宣传党的主张、贯彻党的决定、领导基层治理、团结动员群众、推动改革发展的坚强战斗堡垒。

A. 组织

B. 协调

C. 政治

D. 宣传

24. 党的十九届三中全会强调，深化党和国家机构改革要以（　　）为统领。

A. 以人民幸福为中心

B. 坚持优化协同高效

C. 加强党的全面领导

D. 坚持全面依法治国

25. 党的十八届四中全会指出，党内法规既是管党治党的重要依据，也是建设社会主义法治国家的有力保障。（　　）是最根本的党内法规，全党必须一体严格遵行。

A. 党章

B. 宪法

C. 党规

D. 政策

26. 社会主义道德建设的基本要求是（　　）。

A. 自由、平等、公正、法治

B. 爱国、敬业、诚信、友善

C. 爱祖国、爱人民、爱劳动、爱科学、爱社会主义

D. 爱国守法、明礼诚信、团结友善、勤俭自强、敬业奉献

27. 党的十九大报告指出，广泛开展（　　）教育，深化中国特色社会主义和中国梦宣传教育，弘扬民族精神和时代精神，加强爱国主义、集体主义、社会主义教育，引导人们树立正确的历史观、民族观、国家观、文化观。

A. 理想信念

B. 政策法规

C. 国情和形势政策

D. 社会主义核心价值观

28. 反对官僚主义，要着重解决在人民群众利益上（　　）的问题，教育引导党员、干部深入实际、深入基层、深入群众，坚持民主集中制，虚心向群众学习，真心对群众负责，热心为群众服务，诚心接受群众监督，坚决整治消极应付、推诿扯皮、侵害群众利益的问题。

A. 不担当、不作为

B. 不维护、不作为

C. 不理解、不维护

D. 不尊重、不积极

29. 2019 年，中共中央办公厅印发的《关于解决形式主义突出问题为基层减负的通知》明确提出，要坚持（　　）结合，实事求是、依规依纪依法严肃问责、规范问责、精准问责、慎重问责，真正起到问责一个、警醒一片的效果。

A. 民主与法制

B. 严管和厚爱

C. 激励和惩治

D. 德治与法治

30. 党的十九大报告指出，增强党自我净化能力，根本靠强化党的自我监督和（　　）。

A. 群众监督

B. 司法监督

C. 同级相互监督

D. 党外人士监督

三、多项选择题（共 20 分，每小题 2 分，多选或漏选均不得分）

1. 党的十八届四中全会指出，坚持（　　）共同推进，坚持法治国家、法治政府、法治社会一体建设，实现科学立法、严格执法、公正司法、全民守法，促进国家治理体系和治理能力现代化。

A. 依法执政

B. 依法行政

C. 依德治国

D. 依法治国

2. 习近平新时代中国特色社会主义思想的精髓是（　　）

A. 为人民谋幸福

B. 为民族谋复兴

C. 为世界作贡献

D. 为人类造福祉

3. 党的十九届四中全会的一大创新，就是在公有制为主体，多种所有制经济共同发展作为基本经济制度基础上，把（　　）上升为基本经济制度。

A. 按劳分配为主体

B. 多种分配方式并存

C. 社会主义市场经济体制

D. 集体所有制经济

4. 党的十九大报告明确指出，新时代党的建设以加强（　　）为主线。

A. 党的长期执政能力建设

B. 先进性和纯洁性建设

C. 党员的专业水平建设

D. 党性修养能力建设

5. 新时代党面临的考验有（　　）。

A. 执政考验

B. 改革开放考验

C. 市场经济考验

D. 外部环境考验

6. 习近平总书记把中华优秀传统文化的时代价值概括为（　　）。

A. 讲仁爱、重民本

B. 守诚信、崇正义

C. 尚和合、求大同

D. 重实际、求平等

7. 新时代中国青年要自觉树立和践行社会主义核心价值观，善于从中华民族传统美德中汲取道德滋养，从（　　）的身上感受道德风范，从自身内省中提升道德修为，明大德、守公德、严私德，自觉抵制拜金主义、享乐主义、极端个人主义、历史虚无主义等错误思想，追求更有高度、更有境界、更有品位的人生，让清风正气、蓬勃朝气遍布全社会！

A. 党员干部

B. 英雄人物

C. 时代楷模

D. 古代圣贤

8. 根据《中国共产党党内监督条例》的规定，党的（　　）全面领导党内监督工作。

A. 中央委员会

B. 中央政治局

C. 中央纪律检查委员会

D. 中央政治局常务委员会

9. 2019 年，中共中央办公厅、国务院办公厅印发的《法治政府建设与责任落实督察工作规定》规定，督察工作必须坚持的原则包括（　　）。

A. 服务大局、突出重点

B. 依法依规、实事求是

C. 以督促干、注重实效

D. 控制总量、计划管理

10.《新时代公民道德建设实施纲要》提倡推动践行以爱国奉献、

（　　）为主要内容的个人品德，鼓励人们在日常生活中养成好品行。

A. 明礼遵规

B. 宽厚正直

C. 勤劳善良

D. 自强自律

四、简答题（共 20 分，每小题 5 分）

1. 不断推进国家治理体系和治理能力现代化的重大意义是什么？

2. 党的十九届四中全会报告提出，坚持和完善中国特色社会主义制度、推进国家治理体系和治理能力现代化的具体路径是什么？

3. 党的十九大提出党的建设总要求是什么？

4.《新时代公民道德建设实施纲要》的特点是什么？

五、论述题（共 20 分，每小题 10 分）

1. 你认为全面深化改革应如何创新社会治理体制？

2. 在全面建成小康社会、实现第一个百年奋斗目标的关键之年，如果你是一个基层干部，你将如何继续推进全面从严治党，继续推进党风廉政建设和反腐败斗争的六项任务？

参考答案

一、填空题

1. 党的领导体制机制

2. 人民

3. 国家治理体系和治理能力现代化

4. 中国特色

5. 人民日益增长的美好生活需要和不平衡不充分的发展

6. 文化自信

7. 为中国人民谋幸福

8. 党支部党员大会

9. 长期执政能力

10. 保护环境

二、单项选择题

1. C

2. B

3. A

4. A

5. B

6. C

7. B

8. D

9. D

10. C

11. C

12. B

13. B

14. B

15. A

16. B

17. A

18. A

19. A

20. A

21. A

22. D

23. C

24. C

25. A

26. C

27. A

28. B

29. B

30. A

三、多项选择题

1. A、B、D

2. A、B、C

3. A、B、C

4. A、B

5. A、B、C、D

6. A、B、C

7. B、C

8. A、B、D

9. A、B、C、D

10. A、B、C、D

四、简答题

1.（1）标志着中国改革的全面深化、改革目标的新提升与中国共产党治国理念的不断成熟。

（2）体现出中国特色社会主义现代化理论的丰富和发展。

（3）意味着中国特色社会主义制度将得到完善和发展，这一制度的优势也将更好地转化为管理国家的效能。

（4）意味着中国将进一步摆脱传统人治社会的影响，大踏步走向现代法治社会，社会主义民主政治建设将更加完善，人民能更多地参与到社会治理中来，和谐社会建设将取得更大成果。

（5）意味着中国将构建起系统完备、科学规范、运行有效的制度体系，使各方面制度更加成熟更加定型，为人类社会制度文明作出更大贡献。

2.（1）坚持和完善党的领导制度体系，提高党科学执政、民主执政、依法执政水平。

（2）坚持和完善人民当家作主制度体系，发展社会主义民主政治。

（3）坚持和完善中国特色社会主义法治体系，提高党依法治国、依法执政能力。

（4）坚持和完善中国特色社会主义行政体制，构建职责明确、依法行政的政府治理体系。

（5）坚持和完善社会主义基本经济制度，推动经济高质量发展。

（6）坚持和完善繁荣发展社会主义先进文化的制度，巩固全体人民团结奋斗的共同思想基础。

（7）坚持和完善统筹城乡的民生保障制度，满足人民日益增长的美好生活需要。

（8）坚持和完善共建共治共享的社会治理制度，保持社会稳定、维护国家安全。

（9）坚持和完善生态文明制度体系，促进人与自然和谐共生。

（10）坚持和完善党对人民军队的绝对领导制度，确保人民军队忠实履行新时代使命任务。

（11）坚持和完善“一国两制”制度体系，推进祖国和平统一。

（12）坚持和完善独立自主的和平外交政策，推动构建人类命运共同体。

（13）坚持和完善党和国家监督体系，强化对权力运行的制约和监督。

3. 习近平总书记在党的十九大报告中提出了新时代党的建设总要求，包括“两个坚持”的根本方针、“四个以”的工作思路、“5+2”的总体布局和“五句话”的总目标：坚持和加强党的全面领导，坚持党要管党、全面从严治党，以加强党的长期执政能力建设、先进性和纯洁性建设为主线，以党的政治建设为统领，以坚定理想信念宗旨为根基，以调动全党积极性、主动性、创造性为着力点，全面推进党的政治建设、思想建设、组织建设、作风建设、纪律建设，把制度建设贯穿其中，深入推进反腐败斗争，不断提高党的建设质量，把党建设成为始终走在时代前列、人民衷心拥护、勇于自我革命、经得起各种风浪考验、朝气蓬勃的马克思主义执政党。新时代党的建设总要求，是新时代管党治党的总纲领和总遵循。

4.《新时代公民道德建设实施纲要》具有三个主要特点：一是体现时代特征。《新时代公民道德建设实施纲要》深入贯彻习近平新时代中国特色社会主义思想和党的十九大精神，在充分体现习近平总书记关于公民道德建设重要论述的基础上，进一步梳理总书记的新思想、新观点、新要求，把涉及有关方面的重要内容和抓落实的内容更加鲜明地体现出来，使新时代特征贯穿《新时代公民道德建设实施纲要》始终。二是尊重群众实践。《新时代公民道德建设实施纲要》总结了 2001 年党中央颁布《公民道德建设实施纲要》以来，各地在公民道德建设中的新鲜创造和典型经验，形成了对新时代公民道德建设工作规律的深刻认识和科学把握，突出群众性、实践性、可操作性，设计群众便于参与、乐于参与的渠道载体，为深入开展基层道德建设提供根本遵循。三是坚持守正创新。《新时代公民道德建设实施纲要》既继承了 2001 年《公民道德建设实施纲要》的主要内容和载体途径，又立足新时代新形势新任务要求，突出问题导向，着重体现习近平总书记对党员领导干部、青少年和社会公众人物等重要群体和重点领域道德建设的重要论述和具体要求，重点强化了法治保障、网络空间、生态文明、对外交往等方面的内容，既遵循了道德建设规律，又进行了创新创造，增强了道德建设的吸引力感染力。

五、论述题

（略）

图书在版编目（CIP）数据

新时代推进国家治理体系和治理能力现代化 400 问 / 吴四伍主编 .
—北京：东方出版社，2020.4
ISBN 978-7-5207-1508-9

Ⅰ . ①新…　Ⅱ . ①吴…　Ⅲ . ①国家—行政管理—现代化管理—
中国—问题解答　Ⅳ . ① D630.1-44

中国版本图书馆 CIP 数据核字（2020）第 063824 号

新时代推进国家治理体系和治理能力现代化 400 问
（XINSHIDAI TUIJIN GUOJIAZHILITIXI HE ZHILINENGLI XIANDAIHUA 400 WEN）

主　　编：吴四伍
策划编辑：李志刚
责任编辑：戴燕白　李志刚
出　　版：东方出版社
发　　行：人民东方出版传媒有限公司
地　　址：北京市朝阳区西坝河北里 51 号
邮　　编：100028
印　　刷：三河市金泰源印务有限公司
版　　次：2020 年 5 月第 1 版
印　　次：2020 年 7 月第 2 次印刷
开　　本：640 毫米 ×950 毫米　1/16
印　　张：14.5
字　　数：175 千字
书　　号：ISBN 978-7-5207-1508-9
定　　价：39.80 元
发行电话：（010）85924663　85924644　85924641